OLHE NOS MEUS OLHOS

Minha vida com a Síndrome de Asperger

OLHE NOS MEUS OLHOS

Minha vida com a Síndrome de Asperger

John Elder Robison

Tradução
Júlio de Andrade Filho
Clene Salles

LAROUSSE

Título do original em inglês *Look me in the eye: my life with Asperger's*
Tradução autorizada por Crown Publishers, divisão da Random House, Inc.

Edição brasileira
Gerente editorial **Solange Monaco**
Editor **Isney Savoy**
Assistência editorial **Leila Toriyama**
Coordenação **Luna Editorial Ltda**
Preparação de texto e revisão **Clene Salles**
Capa e diagramação **SGuerra Design**
Produção gráfica **Marcelo Almeida**

Dados Internacionais de Catalogação na Publicação (CIP)
(Câmara Brasileira do Livro, SP, Brasil)

Robison, John Elder
Olhe nos meus olhos : minha vida com a síndrome de Asperger / John Elder Robison ; tradução Júlio de Andrade Filho. -- São Paulo : Larousse do Brasil, 2008.

Título original: Look me in the eye.
ISBN 978-85-7635-281-5

1. Autismo 2. Síndrome de Asperger - Pacientes Biografia 3. Robison, John Elder - Doença mental I. Título.

08-00648 CDD-362.1968588320092
NLM-WM 300

Índice para catálogo sistemático:
1. Síndrome de Asperger : Pacientes :
Autobiografia 362.1968588320092

1ª edição brasileira: 2008
Direitos de edição em língua portuguesa, para o Brasil, adquiridos por
Larousse do Brasil Participações Ltda.
Av. Profª Ida Kolb, 551 – 3º andar – São Paulo – SP – CEP 02518-000
Telefone (11) 3855-2290 – Fax (11) 3855-2280
E-mail: info@larousse.com.br
www.larousse.com.br

Para meu irmão, que me encorajou a escrever este livro,
E especialmente para Unidade Dois e Cubby.

Sumário

Nota do autor

Neste livro, fiz o melhor para exprimir os meus pensamentos e sensações tão exatamente quanto possível. Tentei fazer o mesmo com relação a pessoas, lugares e eventos, embora isso tenha sido mais desafiador. Escrevendo sobre minha infância, é óbvio que não há meio de lembrar das palavras exatas de minhas conversas. Mas tenho boas recordações de como meus pais falavam e agiam, e de como eu falava e interagia com as outras pessoas durante esses anos. Com base nisto, restaurei cenas e conversas que descrevem exatamente como pensei, senti e me comportei em momentos-chave de minha vida.

A memória em si é imperfeita, até para Aspergers, e pode ter havido passagens nas quais misturei pessoas ou cronologias. Contudo, esta não é uma história cujos componentes perdem a validade com o tempo. Na maior parte dos casos, usei nomes verdadeiros, mas naqueles onde não quero constranger alguém ou não consigo lembrar-me do nome da pessoa, usei um pseudônimo. No caso de personagens que apareceram no livro de meu irmão Augusten Burroughs, *Correndo com as Tesouras*, usei os mesmos pseudônimos que ele usou.

Espero que as pessoas citadas recebam bem o tratamento que dei a elas em meu livro. Pode ser que algumas não gostem muito, mas espero que elas, pelo menos, sintam que fui justo. Pensei muito em como retratar certas passagens, e tentei ao máximo fazê-lo com sensibilidade e discernimento.

Antes de tudo, espero que este livro demonstre, definitivamente, que, por mais robóticos os Aspergers possam parecer, nós temos emoções profundas.

Prefácio

por Augusten Burroughs

Meu irmão mais velho e eu fomos criados por pais que eram os mesmos mas, na sua essência, eram diferentes. Os pais dele formavam um jovem casal, otimista em relação ao futuro e começando uma nova vida juntos. Ela, uma dona de casa dedicada, ele, um jovem professor.

Eu nasci oito anos depois, por acidente, bem no meio do naufrágio desse casamento. Nessa ocasião, a doença mental de nossa mãe havia criado raízes e nosso pai se tornara um alcoólatra incorrigível. Os pais de meu irmão tinham muitas esperanças numa vida em conjunto. Os meus pais, por seu lado, desprezavam-se e levavam uma vida miserável.

Mas eu e meu irmão tínhamos um ao outro.

Ele moldou minha vida na infância. Primeiro, ensinou-me a andar. Depois, armado com pedaços de pau e cobras mortas, me perseguiu e ensinou-me a correr. Eu o amava e o odiava com a mesma intensidade.

Quando eu estava com oito anos, ele me abandonou. Aos dezesseis anos, ele era um jovem e indisciplinado gênio, solto no mundo. Meus pais não o impediram de partir, porque sabiam que não podiam dar seja lá o que for que ele precisasse. Mas eu, fiquei arrasado.

Meu irmão ficava fora de casa por semanas e, de repente, aparecia de volta. Mas ele não voltava apenas com a roupa suja, trazia na bagagem histórias chocantes e bizarras sobre sua vida no mundo lá fora. Eram histórias tão indescritíveis e perigosas que só podiam ser verdadeiras. E as provas eram irrefutáveis: cicatrizes, o nariz quebrado e a carteira cheia de dinheiro.

Quando ele voltava, a tensão em casa desaparecia. "E o que aconteceu depois?", queríamos saber. Ele nos entretinha por dias com suas histórias. Meu irmão era um contador de histórias nato.

Mas quando cresceu, tornou-se um homem de negócios, não um escritor, e isso sempre me pareceu *errado*. Ele era um sujeito bem-sucedido, mas nenhum de seu empregados ou clientes sequer imaginava as histórias que aquele executivo tinha vivido, e que sabia contar aos outros como ninguém.

Em um dos capítulos de meu livro, descrevo seu comportamento fascinante na adolescência, antes de ser diagnosticado com a Síndrome de Asperger, uma forma mais suave de Autismo. Para minha surpresa, muitos portadores dessa síndrome apareciam durante as viagens promocionais do livro. Eles vinham agradecer por eu ter falado da doença, mesmo que em apenas um trecho; muitos pais me procuravam para saber detalhes sobre a síndrome, enfim... Eu me perguntava: "Não há nenhum livro apropriado sobre esse assunto?"

Descobri mais tarde que há pouco material disponível sobre o tema. Há alguns livros de estudo ou textos clínicos, mas nada que pudesse descrever o meu irmão. Foi quando comecei a pensar seriamente sobre eu mesmo escrever este livro. Meu irmão adoraria: seu trabalho seria falar e falar, e eu teria "apenas" que digitar freneticamente. Mas eu estava ocupado, e só poderia tocar o projeto bem mais tarde.

EM 2005, nosso pai entrou em estado terminal e meu irmão ficou confuso, perturbado e... Completamente humano. Pela primeira vez em minha vida, eu o vi chorar convulsivamente, enquanto acariciava a cabeça do pai na cama do hospital. Era certamente um momento tocante, mas nunca tinha visto meu irmão se comportar dessa maneira. Os portadores da Síndrome de Asperger não mostram suas emoções, não naquela medida.

Entrei em conflito. Aquilo foi, para mim, uma quebra de paradigmas. Por outro lado, havia um histórico de doença mental na nossa família, por isso eu estava preocupado se aquilo era algum progresso, ou uma decaída psiquiátrica demonstrada num colapso nervoso.

Depois da morte de nosso pai, meu irmão estava exaurido e triste. Fiquei preocupado com sua saúde e, sem saber exatamente porquê, enviei-lhe um e-mail, pedindo que escrevesse sobre aquela perda. Alguns dias depois, ele me enviou um rascunho, onde falava sobre suas visitas ao hospital, sobre memórias tristes do passado... Era algo atordoantemente honesto e inegavelmente bem escrito.

Coloquei esse texto em meu site e logo ele se tornou muito popular. Centenas de pessoas passaram a perguntar sobre meu irmão, se ele tinha escrito outras coisas, até que um dia sugeri a ele que escrevesse sobre sua vida com Asperger, como ele se sentira ter crescido sem saber o que tinha, enfim, contar todas as histórias.

Cinco minutos depois, meu irmão envia um e-mail cujo assunto era: "Como isto?".

Sim, como aquilo.

Mais uma vez, meu brilhante irmão tinha encontrado um modo de canalizar a sua energia e seu talento. Assim, uma vez que a idéia de escrever uma biografia foi absorvida, ele mergulhou no trabalho com uma intensidade que enviaria a maior parte das pessoas diretamente a um hospital psiquiátrico.

Em um período de tempo muito curto, ele concluiu o seu manuscrito. Estou orgulhoso do resultado. Naturalmente, é um trabalho brilhante; meu irmão mais velho escreveu-o. Mas mesmo que não tivesse sido escrita por ele, esta é a mais doce, engraçada, triste e honesta biografia que alguém poderia desejar. Não foi mexida, nem influenciada por ninguém... É autêntica, original.

Meu irmão, depois de trinta anos de silêncio, é um contador de histórias novamente.

Prólogo

"Olhe nos meus olhos, rapaz!"

Não posso dizer quantas vezes ouvi essa frase agressiva e dolorosa. Tudo começou quando entrei no primeiro grau. Ouvi esse comando de pais, parentes, professores, diretores e de todo o tipo de pessoas. Ouvi tantas vezes que estranhava quando ninguém a proferia.

Às vezes, a frase vinha pontuada por uma reguada desferida pelo professor. Ele diria, "Olhe para mim quando eu estou falando com você!" Eu me contorceria e continuaria a olhar para o chão, o que o tornaria mais furioso. Eu daria uma rápida espiada em sua face hostil, me contorceria ainda mais, desconfortável naquela situação e incapaz de concatenar as palavras, e rapidamente desviaria o olhar.

Meu pai diria, "Olhe para mim! O que você está escondendo?"

"Nada."

Se o meu pai tivesse bebido, teria interpretado o "nada" como uma resposta malcriada e teria ido atrás de mim. Nessa época, meu pai comprava garrafões de vinho e bebia toda noite, antes e depois de eu ter ido para a cama.

Ele diria, "Olhe para mim!" e eu ficaria contemplando a escultura abstrata de garrafas vazias empilhadas atrás da cadeira e debaixo da mesa. Eu olharia qualquer coisa, menos ele. Quando eu era menor, costumava fugir enquanto ele me perseguia, sacudindo seu cinto, e minha mãe às vezes me salvava, outras vezes, não. Quando, aos doze anos, cresci e fiquei mais forte, dono de uma enorme coleção de canivetes, meu pai percebeu que seria perigoso prosseguir com essa história de "Olhe para mim!" seguida de uma cintada.

Todo mundo achava que entendia meu comportamento. Era simples: eu não era boa coisa.

"Ninguém confia num cara que não olha você nos olhos."

"Você tem jeito de marginal."

"Você está aprontando alguma. Eu tenho certeza!"

Eu não conseguia entender porque eles ficavam tão agitados, nem ao menos porque era tão importante olhar nos olhos dos outros. A vergonha me dominava, porque eu sabia o que as pessoas esperavam que eu fizesse e, mesmo assim, eu não fazia. O que havia de errado comigo?

"Sociopata" e "psicótico" eram dois dos mais comuns diagnósticos para meu comportamento: "Eu li sobre pessoas como você. Elas não têm expressão porque não têm sentimentos. Os piores assassinos da história eram sociopatas."

Passei a acreditar no que as pessoas diziam, porque eram tantos a falar a mesma coisa que devia ser verdade, e a compreensão de que eu era "defeituoso" realmente machucou. Tornei-me ainda mais tímido e introvertido, e comecei a ler sobre pessoas com desvio de personalidade... Será que eu cresceria como um assassino serial? Tinha lido que eles eram sorrateiros e não olhavam as pessoas nos olhos.

Eu meditei sobre isso durante muito tempo. Eu não agredia as pessoas. Não tacava fogo nas coisas. Não maltratava os animais. Não tinha vontade de matar ninguém. Mas... Talvez isso começasse mais tarde. Será que eu seria preso, um dia? Li sobre as prisões e concluí que as federais eram as melhores. Se eu tivesse que ser encarcerado, que fosse numa prisão federal, não em uma estadual corrupta como Attica.

Só na minha adolescência compreendi que eu não seria nada daquilo e que não estava sendo negligente ou evasivo, se desviava o olhar quando alguém me encarava. Ficava pensando porque os adultos comparavam aquele comportamento com falta de sinceridade. Foi nessa mesma época que conheci gente realmente baixa e suja, mas que olhava nos olhos de todo mundo, o que me fez pensar o quão hipócritas eram as pessoas que me criticavam.

Quando estou conversando com alguém, estímulos visuais podem distrair a minha atenção. Na infância, se eu visse alguma coisa curiosa, parava completamente de falar e ficava observando o que me interessara. Hoje em dia, eu não interrompo a conversa totalmente, mas posso fazer longas pausas entre as frases. Por isso, procuro focar meus olhos em algo neutro, como o horizonte ou o chão. Então, para mim e outros portadores de Asperger, é perfeitamente normal conversar sem encarar o interlocutor.

Foi um grande alívio quando descobri isso e, se eu soubesse antes, teria evitado muito sofrimento.

Sessenta anos atrás, o psiquiatra austríaco Hans Asperger escreveu sobre crianças que eram muito inteligentes, com vocabulário acima da média, mas que apresentavam uma série de comportamentos comuns em pessoas com Autismo, como deficiências marcantes no relacionamento social e na habilidade de comunicação. Esta condição foi chamada de Síndrome de Asperger em 1981. Em 1984, foi incluída na Classificação Internacional de Doenças (CID.10), pela OMS, manual utilizado pelos profissionais da saúde mental. A síndrome está classificada sob o registro número F84.5.

Quando eu era criança, os psiquiatras diagnosticavam os portadores de Asperger como depressivos, esquizofrênicos ou sofrendo de muitas outras doenças mentais.

A Síndrome de Asperger não é tão prejudicial assim. Pode até conceder alguns dons raros. Alguns Aspergers têm extraordinária aptidão para compreender problemas complexos e podem se tornar brilhantes engenheiros ou cientistas. Outros parecem possuir dons musicais sobrenaturais. Mas não se deixe enganar – muitas crianças com Asperger não se tornam grandes professores ou cientistas excepcionais. Crescer é muito difícil.

A Síndrome de Asperger existe de maneira continuada – algumas pessoas apresentam os sintomas em tal grau que a sua capacidade para viver sozinha na sociedade fica gravemente comprometida. Outros, como eu, são afetados levemente, o suficiente para que possam levar a vida à sua própria maneira, depois de uma certa adaptação. Alguns Aspergers tiveram notável sucesso em encontrar um trabalho no qual pudessem demonstrar suas habilidades únicas.

E a síndrome é surpreendentemente comum: um relatório de fevereiro de 2007 do *Center for Disease Control and Prevention* constatou que 1 pessoa em 150 tem Asperger, ou algum outro transtorno autista. Isso significa quase dois milhões de pessoas, nos Estados Unidos.

Asperger é algo com o qual você nasce, não acontece mais tarde na vida. Era evidente em mim desde uma idade muito precoce, mas, infelizmente, ninguém sabia o quê diagnosticar. Meus pais percebiam que eu era diferente das outras crianças. Eu andava de um jeito mecânico, robótico, desajeitado. Minhas expressões faciais eram rígidas, raramente sorria e não conseguia interagir com os outros... E quando o fazia, era em geral de uma maneira complicada. Na maioria das vezes, ficava sozinho em meu pequeno mundo, separado de meus colegas, totalmente absorvido com uma pilha de varetas e Legos.

Além disso, nunca ficava quieto: pulava, saltava e rolava no chão. Mas, mesmo com toda essa movimentação, eu não conseguia agarrar uma bola ou fazer nada atlético. Meu avô tinha sido uma estrela na faculdade, e foi corredor da equipe olímpica do meu país. Mas eu, não!

Se fosse uma criança, hoje, é possível que eu tivesse sido levado para uma avaliação, e, assim, estaria a salvo das piores experiências descritas neste livro.

Crescer foi um solitário e doloroso caminho.

A Síndrome de Asperger não é uma doença, é uma maneira de ser. Não há nenhuma cura, nem é preciso. Há, no entanto, a necessidade de conhecimento e de adaptação por parte das crianças com Asperger, de suas famílias e de seus amigos. Espero que os leitores – especialmente aqueles que estão lutando para crescer ou viver com Asperger – percebam que as reviravoltas que ocorreram e as escolhas incomuns que fiz acabaram me levando a uma vida muito boa, e possam aprender com a minha história.

Levou bastante tempo para que eu chegasse a este ponto, para saber quem eu sou. Meus dias de clandestinidade acabaram. Orgulho-me de ser um Asperger.

1
Uma criança desajustada

Era inconcebível para mim que poderia haver mais de uma maneira de brincar, mas o pior é que havia! Doug não conseguia fazer as coisas direito. Por isso, eu tinha que bater nele. BAM! Um tapa na orelha, como tinha visto os Três Patetas fazerem. O fato de ter apenas 3 anos não era desculpa para ele brincar de modo tão bagunçado.

Por exemplo, eu usava a colher de cozinha da minha mãe para escavar a terra. Então, cuidadosamente, montava uma linha de blocos azuis. Eu nunca misturava meus blocos. Blocos azuis com blocos azuis, vermelhos com vermelhos. Mas Doug chegava e colocava um bloco vermelho em cima dos azuis.

Ele não percebia que estava errado?

Depois que batia nele, eu voltava a brincar. Do jeito correto.

Minha mãe vinha gritar comigo. Não acho que ela tenha, alguma vez, percebido as coisas terríveis que Doug fazia. Deixava minha mãe gritar, eu não dava muita bola, mas se fosse o meu pai, ele teria ficado louco da vida, teria me sacudido no ar e eu teria chorado.

Eu gostava de Doug, ele foi o primeiro amigo que tive. Mas havia certas coisas que eu realmente não suportava nele. Eu estacionava meu caminhãozinho bem ao lado de uma pedra, e lá vinha ele e jogava terra dentro. Doug montava seus blocos numa pilha mal feita e depois ficava rindo de alegria. Isso me deixava louco!

Mas nossos dias de brincadeira terminaram abruptamente. O pai de Doug se formou em medicina e a família mudou-se para uma cidade distante. Não conseguia compreender porque Doug partira, apesar de meus pedidos para que ficasse. Mesmo que ele não soubesse brincar do modo correto, Doug era meu único amigo. Aquilo realmente me entristeceu.

Toda vez que ia ao parque com minha mãe, eu perguntava sobre meu amigo. "Tenho certeza de que ele irá mandar um cartão-postal", minha mãe respondia, com um olhar esquisito, que eu também não conseguia entender. Aquilo era perturbador.

Eu ouvia as outras mães sussurrando, mas não sabia o que significava.

"... afogado numa vala de irrigação..."

"... a água não era profunda..."

"... deve ter caído..."

"... sua mãe saiu e o encontrou lá..."

O que é uma vala de irrigação? Gostaria de saber. Tudo o que eu pude descobrir foi que não estavam falando de mim. Só fui entender que Doug tinha morrido alguns anos mais tarde.

Mas, pelo menos, eu parei de bater nas outras crianças. De alguma forma, percebi que isso não ajudava a fomentar uma amizade duradoura.

Naquele ano, minha mãe me matriculou no jardim de infância. Era um prédio pequeno, cheio de desenhos infantis pregados nas paredes e um pátio cercado por uma cerca de arame. Foi a primeira vez em que fui colocado junto a crianças que eu não conhecia. Mas nem tudo correu bem.

Inicialmente, eu estava animado. Assim que vi as outras crianças, quis brincar com elas. Eu queria que elas gostassem de mim, mas elas não gostaram. O que tinha de errado comigo? Havia uma menina, Chuckie, que também se interessava por caminhões e trens, como eu, e achei que devíamos ter muita coisa em comum.

No recreio, fui até ela e dei uns tapinhas em sua cabeça. Minha mãe havia me mostrado como afagar meu poodle na cabeça, para fazer amizade com ele. Às vezes, ela fazia isso comigo, especialmente quando eu não conseguia dormir. Portanto, tanto quanto eu sabia, afagar a cabeça era uma coisa que funcionava. Todos os cães em quem eu tinha feito isso abanavam suas caudas quando eu chegava perto. Eles gostavam disso. Chuckie gostaria, também.

Plaft! Ela me acertou!

Surpreso, eu fugi. *Não deu certo*, disse a mim mesmo. *Acho que devo afagar ela mais um pouco. Vou usar um pedaço de pau, assim ela não poderá me acertar de novo, porque vou ficar mais longe.* Mas a professora interveio.

"John, deixe a Chuckie em paz. A gente não machuca as pessoas com um pedaço de pau."

"Mas eu não vou machucar ela. Eu vou afagar ela, como faço com meu poddle."

"Pessoas não são cães. Não faça isso, e deixe esse pau aí."

Chuckie ficou afastada o resto do dia, me olhando com cautela. Mas não desisti. *Ela deve gostar de mim, mas não sabe*, pensei comigo. Minha mãe sempre dizia que eu ia gostar de coisas que achava que não gostaria, e de vez em quando ela estava certa.

No dia seguinte, Chuckie estava brincando na areia com um caminhão de madeira. Eu entendia um bocado de caminhões. Logo percebi que ela não estava brincando do jeito certo e decidi ensiná-la como fazer. *Ela vai ficar admirada com o que eu sei e seremos amigos*, pensei. Fui até lá, peguei o caminhão e me sentei.

"Fessora, o John pegou meu caminhão!"

Mas, já chamou a professora? Nem expliquei como se brinca...

"Eu tava ensinando ela a brincar do jeito certo, ela tava fazendo tudo errado!" Mas a professora não acreditou em mim. Ela me levou dali e me deu um caminhão pra brincar, longe de Chuckie. Bem, amanhã seria outro dia, uma nova chance de fazer amigos.

Bolei um novo plano. Iria conversar com Chuckie sobre dinossauros, um assunto que eu dominava, porque tinha ido ao museu com meu pai. Havia noites em que eu tinha pesadelos com dinossauros, mas pelo menos era o tema mais interessante que eu conhecia.

No dia seguinte, fui até Chuckie e me sentei.

"Eu gosto de dinossauros. Meu favorito é o brontossauro, ele é muito grande."

Ela não respondeu.

"Ele é grandão, mas só come plantas, come grama e folha de árvores. Ele tem um pescoço comprido e uma cauda mais comprida ainda."

Silêncio.

"Ele é do tamanho de um ônibus. Mas o alossauro come ele."

Chuckie ainda não tinha dito nada. Ela olhava atentamente o solo, enquanto fazia desenhos na areia.

"Fui ver os dinossauros no museu com o meu pai. Lá tem dinossauros pequenos, também. Eles são muito legais."

Chuckie se levantou e foi para dentro. Ela havia me ignorado completamente!

Olhei para baixo, para ver o que ela estava observando com tanta atenção. Não havia nada, a não ser a areia remexida.

Todas as tentativas para fazer amizade haviam falhado. Eu era um fiasco. Comecei a chorar, sozinho num canto do pátio, e bati o caminhãozinho no solo, seguidas vezes. Só parei quando minha mão doía demais para continuar fazendo isso. O caminhão estava despedaçado.

No final do recreio eu continuava lá, olhando para o chão, humilhado demais para encarar as outras crianças. *Por que eles não gostam de mim, o que eu fiz de errado?* A professora veio me buscar e me levou para dentro, eu queria desaparecer.

RECENTEMENTE, UM DE meus amigos leu esta passagem e comentou: "Putz, John, você ainda é assim." Ele tem razão, sou mesmo. Mas hoje eu aprendi o que as pessoas esperam numa situação social como essa e ajo de um modo mais normal, com menos chance de ofender alguém. Mas as diferenças ainda existem, e sempre existirão.

As pessoas com Autismo ou Asperger muitas vezes não têm o sentimento de empatia que orienta a maioria das pessoas em suas interações com os outros. É por isso que nunca me ocorreu que Chuckie poderia não responder aos afagos da mesma forma que um cão. Não estava clara para mim qual seria a diferença entre uma menina e um cãozinho, nesse aspecto. E também nunca me ocorreu que podia haver mais de uma maneira de brincar com um caminhão de brinquedo, então eu não poderia compreender por qual motivo Chuckie se opunha às minhas tentativas de explicar o "modo correto".

O pior é que todo mundo viu meu comportamento como sendo uma coisa ruim, quando eu tentava apenas ser gentil. A rejeição de Chuckie às minhas boas intenções deixou tudo mais doloroso. Por ter observado meus pais conversando com outros adultos, achei que poderia conversar com ela. Mas eu tinha esquecido de uma coisa fundamental: uma conversa bem sucedida depende do dar-e-receber. Tendo a Síndrome de Asperger, deixei escapar isso. Totalmente.

Eu nunca interagi com Chuckie novamente.

E desisti de tentar me relacionar com as outras crianças. Quanto mais me rejeitavam, mas me sentia machucado por dentro e mais me afastava.

Tive melhor sorte com os adultos. Minhas respostas incoerentes não interrompiam as conversas e eu os ouvia mais, porque assumia que eles entendiam das coisas. Os adultos faziam coisas de adultos. Já que não brincavam com trens ou caminhões, não precisava ensiná-los *como* brincar.

Se eu tentasse afagar um adulto com um pedaço de pau, ele apenas o tiraria de mim, não iria chorar e chamar a professora. Os adultos me explicavam coisas, eu aprendia com eles. As crianças não me ensinavam nada.

Na maior parte do tempo, ficava com meus brinquedos, construindo fortes e torres. Adorava construir coisas, especialmente máquinas. Elas não eram maldosas comigo, ao contrário, era desafiador tentar entendê-las. Nunca me magoavam, então me sentia seguro com elas por perto. Assim como me sentia seguro com os animais.

"Veja o que seu avô mandou para você, John." Meu pai tinha trazido um cãozinho peludo e mal-humorado, provavelmente um refugo de algum canil. Fiquei fascinado. O cãozinho rosnou para mim e fez xixi no tapete quando meu pai o colocou no chão. Não fiquei com medo, talvez porque ele fosse menor que eu. Ainda não havia aprendido que dentes afiados também vêem em embalagens pequenas.

Meu pai disse, "Os poodles são cachorros muito inteligentes."

Talvez ele fosse inteligente, mas não era muito amistoso. Dei a ele o nome de Poodle, começando uma longa tradição de chamar os cães pela raça, porque era mais funcional. Eu não sabia exatamente o que fazer com um cão, estava sempre apertando, puxando sua cauda e tudo o mais, num esforço para descobrir sua função. Ele me mordia toda vez que o apertava demais, às vezes tão profundamente que meu braço sangrava. Quando contei à minha mãe, ela disse: "John, Poodle nunca morde tão fundo a ponto de tirar sangue do braço. Mas se ele fez isso, deverá ir embora desta casa." Eu só pude dizer: "Mordidas pequenas são um *grande* problema para pessoas pequenas."

Um dia, eu tranquei Poodle no meu quarto. Ele fez um buraco de seu tamanho na porta e foi tomar sol no quintal. Tentei fazer a mesma coisa e não consegui nem riscar a pintura com meus dentes. Foi aí que descobri que Poodle tinha dentes afiados de verdade e passei a esconder meus brinquedos antes de dormir. Se eu esquecesse algum, Poodle iria mastigá-lo.

Meus pais não gostavam dele porque roía todos os móveis da casa, mas eu e ele acabamos ficando amigos. Embora eu nunca soubesse o que ele iria fazer em seguida.

Minha casa não era um lugar muito feliz. Além de o cão comer meus brinquedos, meus pais estavam sempre brigando, geralmente à noite, quando achavam que eu estivesse dormindo. Uma noite, acordei com os gritos, mas alguma coisa estava diferente. Minha mãe estava chorando, além de gritar, coisa que ela não costumava fazer.

"Mamãe!", chamei bem alto, para ter certeza de que me ouviria.

"Está tudo bem, volte a dormir", disse ela, entrando no meu quarto, afagando minha cabeça e saindo imediatamente. Tinha algo errado, mamãe sempre ficava um pouco mais, cantando baixinho até que eu adormecesse. *Aonde ela foi? O que está acontecendo?*

Fingi que estava dormindo, porque sabia que era isso que eles esperavam que eu fizesse.

"Ele está dormindo", minha mãe disse baixinho.

"Não está, não. Ele vai se lembrar disso tudo quando estiver com 40 anos", gritou meu pai, e começou a soluçar. Seja o que for que estivesse acontecendo, devia ser muito grave, a ponto de fazer os dois chorarem.

"Papai, não faça mamãe chorar!", não consegui me conter. Eu queria me esconder debaixo da cama, mas sabia que eles me encontrariam. Estava apavorado. Mamãe entrou no quarto e cantou de um jeito estranho, até que eu caísse num sono agitado.

Muito tempo depois, eu soube que meu pai estava tendo um caso com uma secretária da faculdade onde ele estudava. Ela se parecia muito com minha mãe. Eu acho que o caso teve seu desenlace naquela noite, e o casamento de meus pais começou a ruir naquele momento, também. Foi a partir daí que meu pai ficou pior.

No dia seguinte, quando acordei, ele ainda estava na cama. Fui até seu quarto e ele estava roncando. "Ele está cansado", disse mamãe, e me levou até a escola. Quando voltei, ele não estava e não veio à noite para casa. Minha mãe explicou que meu pai estava no hospital, descansando, porque estava exausto de tanto estudar, mas que no dia seguinte iríamos visitá-lo.

Aquilo me deixou aflito, porque eu costumava tirar sonecas quando ficava cansado. *E se eu acordar no hospital?* Fiquei com medo de tirar sonecas, e fiquei com medo de dormir naquela noite, também.

No dia seguinte, a visita foi perturbadora, porque meu pai cheirava estranho e agia de modo mais estranho ainda. Ele sorriu ao me ver, me abraçou e disse que tudo ficaria bem, que estaria de volta em breve. Ficou "descansando" no hospital ainda por um mês e, quando voltou para casa, continuava parecendo cansado.

Assim que meu pai voltou, mamãe me levou para visitar seus parentes por algum tempo. Quando cheguei da viagem, não encontrei mais o meu Poodle.

"Ele fugiu", meu pai explicou.

Mas isso não me soava bem. Queria saber o que realmente tinha acontecido.

"O que você fez com Poodle?"

"Já disse, seu cão fugiu!", meu pai gritou. Isso me assustou.

Eu sabia que ele tinha feito alguma coisa com Poodle, mas tinha medo de perguntar. Desde esse dia, passei a ficar com muito mais medo de meu pai, temor que durou até minha adolescência, quando me tornei capaz de me defender.

Quanto mais meus pais brigavam, pior meu pai ficava. Especialmente à noite, porque começara a beber. Quando perdia o controle, ele me espancava para valer. Ou então, ele me pegava e me sacudia. Parecia que minha cabeça ia sair voando.

Logo que ele se formou, arrumou um emprego em Seattle, num outro Estado, e levamos um mês inteiro para chegarmos até lá em nosso fusca preto. Eu adorava aquele carro. Costumava me esconder no espaço atrás do banco traseiro e ficar olhando para o céu, fingindo que estava voando.

Quando chegamos ao destino, fomos morar num apartamento num prédio em que havia mais crianças do que eu jamais tinha visto antes. Logo fui me juntar a eles, para fazer parte da turma. Mas as coisas não correram tão bem quanto eu desejava. O líder da turma era o Ronnie, quase dois anos mais velho que eu.

Eles brincavam de caubóis e índios, correndo para cima e para baixo do pátio gramado, gritando e rindo. Aquilo parecia muito divertido e eu queria brincar com eles. E corri para cima e para baixo, junto com a turma.

"O que você está fazendo? Você não é um caubói!" *Como?* Olhei para Ronnie e depois olhei para mim mesmo. *Como ele pode ser um caubói e eu, não?*

"Eu também sou um caubói!"

"É nada! Você é um cara de macaco!" e saiu correndo. Eu fiquei ali e os amigos de Ronnie passavam correndo por mim e gritavam: "Cara de macaco!"

Eles nunca iriam me deixar ser um caubói. Por que eu estava vivo? Eu não conseguia fazer amigos! Voltei correndo para nosso apartamento e desabei a chorar. Mamãe me acalmou, fui à janela para olhar os meninos correndo lá embaixo e voltei a brincar com meu trator.

O período em Seattle foi talvez a melhor época da minha infância. Nós íamos sempre acampar nos finais de semana e adorava passar parte do tempo no bosque, atrás de nosso prédio de apartamentos. Havia outras crianças que não faziam parte da turma de Ronnie e um deles era Jeff, um ano e meio mais novo que eu. Sua mãe ficara amiga da minha, então nós íamos sempre visitá-los.

Como eu era mais velho, ensinava coisas a Jeff, coisas que um garoto de cinco anos acha que um de três gostaria de aprender. Fazendo isso, percebi que as crianças mais novas me olhavam como se eu fosse um professor e eu gostava disso. Claro, as crianças sempre acham que sabem todas as respostas. A diferença é que, no meu caso, eu as sabia de verdade, pelo menos a maioria delas.

Quando tivemos que nos mudar de Seattle, dei meu trator a Jeff. Esse trator foi a primeira coisa de valor que dei para alguém, mas achava que Jeff merecia. Apesar de ser mais novo que eu, ele era um garoto esperto e não zombava de mim, como as crianças mais velhas faziam.

Além disso, meus pais me prometeram uma bicicleta, assim que chegássemos à nova cidade. Isso era sinal de que eu estava crescendo, e sendo um garoto mais velho, achava que seria mais respeitado e que os outros garotos passariam a gostar de mim.

2

O bom companheiro

"John, vamos nos mudar."

Meu pai anunciou esta novidade assim que chegou em casa, mas eu estava mais interessado nas moedas de prata que encontrara na gaveta. Elas eram antigas e pesadas, algumas de 1880. Ele insistia em me dar a notícia e tirou as moedas de minha mão.

"Vamos nos mudar em breve."

"Vamos voltar pra mesma casa onde a gente morava antes?"

Não, era para outra cidade, meu pai achava que tinha conseguido um emprego permanente. Fiquei chateado em deixar meu amigo Jeff, mas como não estava muito feliz naquele lugar, essa notícia não foi tão desagradável assim.

Eu havia aprendido com as humilhações sofridas de crianças como Ronnie e Chuckie. Sabia que era diferente dos outros, de algum modo que não entendia, mas ainda assim olhava isso de um jeito positivo. Faria o possível para ser uma criança legal, mesmo tendo algum problema.

Em Pittsburgh, aprendi a me relacionar, a entender as diferenças entre cães e pessoas... E, aos nove anos, tive uma revelação: aprendi a conversar com outras crianças. Quando alguém me dissesse: "Olha meu caminhão", ele esperava que eu respondesse algo que fizesse sentido dentro do contexto daquela frase. Antes dessa revelação, eu teria respondido:

a) Eu tenho um helicóptero.

b) Quero alguns biscoitos.

c) Minha mãe está brava comigo.

d) Andei a cavalo no parque.

Estava tão acostumado a viver em meu próprio mundo que responderia aquilo que estivesse pensando. Se me lembrasse de ter passeado de cavalo, não importa se a outra criança dissesse "Olha meu caminhão" ou "Minha mãe está no hospital", eu teria respondido "Andei a cavalo no parque." Do mesmo jeito. As palavras dos outros não interrompiam o curso de meus pensamentos, é como se não ouvisse o que tinham dito. Mas, de algum modo, eu tinha ouvido, porque responderia. Mesmo que a resposta não fizesse nenhum sentido para o interlocutor.

De repente, tudo isso mudou. Eu entendi que a resposta que o outro garoto estava esperando era algo do tipo:

e) "Mas que legal! Posso segurar um pouco?"

E o mais importante é que eu, agora, sabia que as outras respostas iriam irritar o menino. Finalmente, podia compreender porque a turma do Ronnie não queria conversar comigo, ou a própria Chucky. (embora ela pudesse ser "defeituosa" como eu, afinal também gostava de caminhões e olhava para o chão quando eu falava com ela...) Minhas respostas, então, passaram a ser mais coerentes. Claro que eu não era a alma da festa, mas pelo menos agora podia participar das coisas... Tudo estava melhorando.

Logo que nos mudamos, já fiz amizade com as crianças da vizinhança. Nós brincávamos juntos e explorávamos várias coisas novas na região, sem a supervisão de adultos. Nós éramos livres e eu gostava dessa sensação, porque não me sentia mais tão solitário quanto antes. Então, veio uma outra surpresa.

"Vou ter um bebê!", mamãe me contou.

Eu não sabia o que dizer. Uma irmã? Esperava que não. Que graça havia em ter uma irmã? Um irmão seria melhor. Ele seria meu melhor companheiro de brincadeiras.

No dia em que o bebê nasceu, meu tio me levou para vê-lo na maternidade. Ele era bem menor do que eu esperava, mas os adultos garantiram que eu era desse tamanho quando tinha nascido, então ele deveria crescer como eu... Quando foi para casa, passei a tomar conta de meu irmão, mas ele não fazia nada. Passava a maior parte do tempo dormindo.

Levei meus amigos para vê-lo e eles ficaram impressionados, porque nenhum deles tinha um irmão bebê. Claro que eu ainda não conseguira ensinar nenhum truque para ele, meu irmão só ficava olhando e babando, mas um dia ele cresceria...

Um ano se passou e eu pude lhe ensinar algumas coisas, mas na verdade meu irmão não tinha muita utilidade para mim. Mas eu conseguia enxergar seu potencial; não via a hora de que ele aprendesse a falar, para conversarmos. Enquanto isso, meus pais brigavam como nunca e começaram a falar em mudar-se, novamente.

Meu pai passara a beber algo chamado xerez. Um dia, experimentei e cuspi imediatamente, não conseguia imaginar alguém bebendo copos e copos daquele negócio. Quanto mais ele bebia, sentado na cozinha, mais maldoso ficava. Aprendi a manter distância dele, nesses momentos.

Um dia, nos mudamos de novo, desta vez para uma velha casa alugada numa fazenda, construída em 1743. A fazenda ficava perto da universidade onde meu pai iria trabalhar. Havia vacas e plantações para todo lado e, o melhor, na fazenda vizinha, de propriedade do irmão de nosso locador, moravam quatro crianças! Logo fiz amizade com elas e, quando as aulas começaram, tinha até amigos com os quais podia sentar no ônibus escolar. Eu nunca havia andado de ônibus antes, mas não contei isso a ninguém: tinha aprendido a não revelar coisas que me deixassem em situação ridícula frente aos demais.

Meu irmão tinha crescido e já engatinhava pela casa. Decidi ensiná-lo a andar numa quadra ao lado da casa. Lá havia terra fofa, assim ele não se machucaria quando caísse; e mesmo que caísse, ele era muito baixinho, então a queda não seria muito violenta, de qualquer modo. Demorou um bocado, tive que me esforçar bastante, mas até que ele conseguiu dar uns passos. Fiquei imaginando se meu irmão não seria tão "defeituoso" quanto eu, porque não demonstrava nenhum interesse em leitura, embora eu tivesse mostrado todos os meus livros e lido algumas histórias.

Logo, ele começou a andar sozinho. Claro que ele preferia engatinhar a andar, mas quando eu o via de quatro, pulava em suas costas e ele se esborrachava no chão. Ou eu o virava no chão de costas, como se faz com uma tartaruga. Ele não gostava e começava a chorar quando eu fazia isso, mas queria que ele aprendesse que devia andar, não engatinhar.

No inverno, meu irmão já estava cambaleando pela casa toda, embora não falasse nada, ainda. Minha mãe havia assegurado que ele falaria bastante, embora eu tivesse minhas dúvidas. Eu esperava mais dele.

"Ele não tem problemas, é apenas um bebê. Ele estará conversando com você daqui a alguns anos!" Minha mãe continuava protegendo o bebê, mesmo contra todas as evidências. Ele não falava, nem sabia ler!

Eu tentava ensinar, mas meu irmão não estudava nada do que eu mostrava. Invariavelmente, acabava colocando tudo na boca. Um dia, acabei temperando essas coisas com Tabasco e ele chorou. Ter um irmão mais novo acabou por me ensinar a ter um relacionamento melhor com as pessoas. E sendo um irmão menor, ele acabou aprendendo a olhar o que colocava na boca...

Por alguma razão, apesar do que eu fizesse, meu irmão me idolatrava. Eu era mais velho, eu sabia mais que ele. Gostava de ter um irmão, ele me fazia sentir mais maduro. "Tome conta de seu irmão," minha mãe dizia, quando íamos brincar lá fora. Eu caminhava e ele vinha atrás de mim, como um animal de estimação. Sentia prazer em tomar conta dele. Ao contrário de alguns irmãos mais velhos, nunca pus fogo nele, ou cortei seu braço ou sua perna, ou o afoguei na banheira.

Gradualmente, ele cresceu e deixou de babar ou resfolegar. Começou a pegar meus brinquedos e brincar com eles sozinho. Logo, se tornou um incômodo e resolvi batizá-lo com um novo nome:

"Venha cá, você está crescendo, então está na hora de receber um nome. Decidi chamá-lo de Verme. Entendeu?"

"Verme?"

Ele pronunciou a nova palavra algumas vezes e, depois, foi contar à mamãe a novidade.

A esmagadora solidão que eu sentira aos cinco anos tinha desaparecido quase que totalmente. Agora, eu só me sentia sozinho em momentos especiais, quando era lembrado de minha inferioridade. Por ocasião de meus aniversários, mamãe fazia um bolo, eu ganhava alguns presentes e todos festejavam. Mas, de tempos em tempos, era convidado para a festa de aniversário de outras crianças, e nelas sempre havia dez ou vinte meninos e meninas correndo para lá e para cá, rindo e brincando. Essas é que eram as festas legais, as minhas eram uma droga.

Eu era raramente visto rindo ou feliz, ou cercado por outras crianças. Nunca fui capaz de compreender a razão, mas sabia o que estava perdendo e isso me machucava demais.

Já que vivi os anos escolares como um garoto marginalizado, o meu pai e os meus professores começaram a fazer previsões sobre meu futuro. Disseram-me que eu nunca teria capacidade para ser nada na vida. Quando muito, poderia trabalhar num posto de gasolina, ou acabaria na prisão, ou no Exército – isso, se eles me aceitassem (eu jamais me alistaria).

Eles não perderiam por esperar.

3
Empatia

Aos doze anos, eu tinha conseguido evoluir de "Se ele não melhorar, vai ser internado" para "Ele é um moleque estranho e atrapalhado". Embora minha capacidade de comunicação tivesse melhorado, não importa se aos trancos e barrancos, as pessoas mantinham altas expectativas em relação a mim, e comecei a ter problemas com aquilo que o terapeuta chamava de "expressões inapropriadas."

Um dia, minha mãe conversava com uma amiga e eu estava por perto.

"Você ouviu sobre o filho da Eleanor?", perguntou a amiga, "Ele foi atropelado e morto por um trem no último sábado. Estava brincando nos trilhos."

Eu sorri ao ouvir isso. A mulher olhou para mim com uma expressão de choque: "Você acha engraçado?"

"Não, acho que não." Não sabia o que dizer. Apesar de perceber o que elas estavam pensando, não conseguia evitar o sorriso. Eu não estava feliz, nem sabia porque estava sorrindo. Quando saí da sala, ouvi a amiga dizer à minha mãe: "Qual o problema desse rapaz?"

Fui encaminhado à terapia, e isso só me fez sentir pior. Eles focavam apenas naquilo que consideravam ser pensamentos sociopatas e nenhum deles conseguiu descobrir porque eu sorri, quando ouvi a história do filho de Eleanor ter sido atropelado e morto por um trem.

Mas hoje eu sei a razão, e descobri isso sozinho.

Eu não conhecia Eleanor, muito menos seu filho. Por isso, não havia nenhuma razão para que eu ficasse triste ou feliz em relação a qualquer coisa que tivesse acontecido com eles. Aqui está o que eu pensava naquela tarde:

Alguém morreu!
Dane-se! Ainda bem que não fui eu!
Ainda bem que não foi meu irmão, nem meus pais.
Acho que meus amigos estão todos bem.
Esse cara devia ser um idiota, brincar nos trilhos do trem?
Eu nunca seria atropelado desse jeito.
Ainda bem que estou legal.

Na verdade, eu sorri de alívio porque não tinha sido comigo, nem com alguém que eu conhecesse ou me importasse. Hoje, meus sentimentos seriam exatamente os mesmos, numa situação dessas. Só que, agora, tenho melhor controle de minhas expressões faciais.

O fato é que, a partir de uma perspectiva evolutiva, as pessoas têm uma tendência inerente a se preocupar e proteger sua família imediata. Não nos preocupamos com as pessoas que não conhecemos. Se eu receber a notícia de que dez pessoas morreram num acidente de ônibus na China, não sentirei absolutamente nada. Entendo que, intelectualmente, é triste, mas não me sinto triste. Então, eu vejo as pessoas fazendo um grande estardalhaço com isso e fico desconcertado por não estar reagindo da mesma maneira. Na maior parte da minha vida, ser diferente foi equiparado a ser uma má pessoa, embora nunca tenha me considerado assim. "Isso é horrível!" Algumas pessoas vão chorar e se descabelar, e eu fico pensando... *Será que eles realmente se sentem assim, ou é apenas uma forma de chamar a atenção?* Essa resposta é difícil. As pessoas morrem a cada minuto, no mundo inteiro. Se a gente lamentar cada uma dessas mortes, nossos pequenos corações irão explodir.

À medida que ficava mais velho, eu me ensinei a me comportar de um modo mais "normal." Eu posso fazê-lo bem o suficiente para enganar uma pessoa durante toda uma noite, talvez até mais. Mas tudo cai por terra se eu ouvir algo que traga à tona uma forte reação emocional, que é diferente do que as pessoas esperam. Em um instante, a seus olhos, eu viro o assassino sociopata que diziam que eu era, há quarenta anos.

Há dez anos, eu recebi uma chamada da polícia. "Seu pai sofreu um acidente de carro. Ele está sendo levado para o hospital".

"Merda, isso é terrível", eu disse.

Eu senti náuseas imediatamente. Fiquei preocupado. *Ele vai morrer?* Dentro de instantes, larguei o que estava fazendo e acelerei em direção ao hospital.

Meu pai não morreu. Ele e minha madrasta se recuperaram desse acidente. Mas esse sentimento doentio não me abandonou até que cheguei ao hospital, falei com os médicos e compreendi que eles ficariam bem.

Eu comparo esse evento com a notícia de que um avião caiu no Uzbequistão. Cinqüenta e seis pessoas morreram. "Merda, isso é terrível", eu digo. Para um observador, a minha reação a estes dois acontecimentos foi a mesma. Mas, para mim, existe uma grande diferença, como a do dia para a noite. Preocupar-se – ou fingir ter preocupação – com outras pessoas é um comportamento aprendido. É um dos vários tipos de empatia, eu suponho. Tenho verdadeira empatia para com minha família e meus amigos íntimos. Se eu ouvir que algo de ruim aconteceu a um deles, sinto-me tenso, ou com náuseas. Meus músculos do pescoço passam a ter câimbras, fico apreensivo. Para mim, é o tipo de empatia "real."

Quando as más notícias não envolvem perigo, o meu pensamento imediato é: *O que posso fazer para corrigir as coisas?*

Quando eu estava com catorze anos, minha mãe chegou um dia e disse, "John, o carro está pegando fogo!" Eu desci as escadas e fui até o carro. O interior estava cheio de fumaça. *Tenho que arrumar isso para ela*, pensei. *E tenho de fazê-lo antes de o meu pai chegar em casa.*

Abri as janelas do carro, depois o capô e desconectei a bateria. Quando a fumaça diminuiu, olhei sob o painel e encontrei um fio do acendedor de cigarros pegando fogo e derretendo. Cortei-o e removi a moeda que minha mãe tinha deixado cair no acendedor. Eu fiz tudo isso, apesar de o carro estar imundo e cheio de bitucas de cigarro e papel amassado, as coisas mais revoltantes do mundo para mim. Fiz isso pela minha mãe.

É outro tipo de empatia. Eu não precisaria ter arrumado o carro. Eu poderia ter fingido não ter percebido nada e ela nunca teria notado. Jamais teria feito isso por qualquer outra pessoa. Mas eu senti a necessidade de ajudar, porque era um membro da família em apuros.

Eu tenho o que poderíamos chamar de "empatia lógica" pelas pessoas que não conheço. Ou seja, eu posso compreender que é triste que essas pessoas tenham morrido na queda do avião. E eu compreendo que têm famílias, e elas estão infelizes. Mas não tenho qualquer reação física à notícia. E não há nenhuma razão para que eu a tenha. Não conheço essas pessoas e as notícias não têm efeito sobre a minha vida. Sim, é triste, mas no mesmo dia milhares de pessoas morreram por homicídios, acidentes, doenças, desastres naturais, e muitas outras causas. Sinto que devo colocar as coisas em perspectiva e guardar minhas aflições para coisas que realmente importam para mim.

Como um pensador lógico, não posso deixar de considerar, com base nas evidências, que muitas pessoas que apresentam reações dramáticas para más notícias envolvendo estranhos são hipócritas. Isso me perturba. As pessoas desse tipo ouvem más notícias de um lugar distante, e explodem em lágrimas como se os próprios filhos tivessem sido atropelados por um ônibus. Para mim, elas não são muito diferentes dos atores e atrizes – são capazes de verter lágrimas sob um comando, mas isso realmente significa alguma coisa?

Essas mesmas pessoas me diriam: "O que há de errado com você? Você não se importa por essas pessoas terem morrido? Elas também tinham famílias!"

Quanto mais velho eu fico, mais e mais me vejo com problemas por falar coisas que são verdadeiras, mas que as pessoas não gostam de ouvir. Não compreendo o que é ter tato. Consegui desenvolver certa habilidade em evitar dizer as coisas que estava pensando. Mas ainda penso nelas. É que não deixo esses pensamentos de lado com tanta freqüência, como fazia antes.

4
Nasce um malandro

Nesta altura da vida, eu aprendera a capitalizar minhas diferenças quanto ao resto da humanidade. Na escola, me tornara o palhaço da classe. Naqueles tempos, tinha visitado a sala do diretor da escola incontáveis vezes, mas valera a pena.

Eu era bom em pregar peças e, quando eu aprontava uma, os garotos riam comigo, não *de mim*. Ríamos juntos das vítimas, sejam quem fossem, e enquanto conseguisse bolar novas travessuras, continuaria sendo popular. Eu adorava ser admirado por isso. O melhor é que eu nem precisava chamá-los para participar, eles vinham porque tinham vontade de fazer isso.

Vivia lendo o tempo todo, e os volumes mais interessantes da Enciclopédia Britânica ficavam na minha mesinha de cabeceira. As pessoas passaram a me ouvir como se eu fosse um prodígio, especialmente minha família e meus amigos. Eu os considerava uma ótima platéia, porque pareciam gostar de mim, ao contrário de outras pessoas. Eles sabiam que estudava com afinco e tinham confirmado, muitas vezes, que eu estava certo em minhas afirmações.

Certa vez, tive uma idéia: talvez pudesse criar minha própria realidade. A minha primeira experiência nesse sentido foi relativamente simples. Estava uma noite mostrando as estrelas e constelações aos meus avós, quando inventei uma:

"Lá está a Grande Concha, parte da Ursa Maior", eu disse. "Veja, ali. Do outro lado, está Órion."

"Você sabe tudo sobre as estrelas, John!" Minha avó estava impressionada. "Aquela brilhante ali é Sirius, na constelação Cão Maior. E a outra é Bovinius, na Vaca Menor".

"Que história é essa? Eu nunca ouvi falar dessa tal de Vaca Menor." Meus avós estavam em dúvida.

"Eu li sobre isso no meu livro de mitologia. O que você comprou pra mim. As vacas são sagradas na Índia, por isso essa é a sua estrela. Quer que eu vá pegar o livro?"

"Não, filho, eu tenho certeza que você está certo."

O truque foi incluir afirmações verdadeiras na história para torná-la plausível. Citei estrelas e constelações que eles conheciam e, em seguida, incluí a minha. Todos os elementos se completavam e faziam sentido. Talvez houvesse mesmo uma constelação da Vaca Menor, sei lá...

E assim Bovinius começou a brilhar no céu da Georgia. Meu avô continuou a propagar a lenda.

"Ei, Jeb, olha lá. Você vê aquela estrela? É a tal da Bovinius, da Vaca Menor. Meu neto me contou sobre isso."

"Vaca Menor, é?"

"É. Foram os índios. Deram o nome de vaca para uma estrela."

"Índios?"

"É, índios, mesmo, índios de verdade. Da Índia."

"Vaca Menor, quem diria..."

Minhas peças foram se tornando mais sofisticadas à medida que eu ficava mais velho e mais experiente. Muitas dessas histórias acabaram criando vida própria.

Comecei aprontando com minha família: meu avô achava engraçado, de início, e me encorajava a continuar. Com meu pai, do jeito que ele era, não podia correr riscos, seria perigoso pregar uma peça nele. Mas minha mãe e meu irmão caíam todas as vezes e a brincadeira do garoto desaparecido se tornou um marco, acabei criando variações sobre ela durante muito tempo.

A primeira vez ocorreu quando mamãe nos levou a um parque perto de casa, supostamente seguro. A certa altura, mamãe foi ao banheiro e deixou a mim, com catorze anos, encarregado de tomar conta de meu irmão Verme, que estava com seis. Nessa hora, tive uma inspiração súbita:

"Rápido, Verme, se esconda ali", apontei para um pequeno galpão onde guardavam ferramentas, "vamos pregar uma peça na mamãe."

Meu irmão correu até lá e fechou a porta, deixando um vão por onde pudesse espiar. Quando minha mãe voltou, eu estava afagando um cervo.

"John, cadê seu irmão?"

Sem nem mesmo virar a cabeça, respondi, "Foi procurar você."

Ela voltou pelo mesmo caminho; até agora, tudo estava correndo bem. Sorri para Verme.

"John, não o encontrei."

"Ele vai aparecer."

Comecei a caminhar lentamente, parecendo despreocupado. Minha mãe me seguiu, cada vez mais agitada.

"John, onde está Cris?"

"Ele está bem. Não se preocupe, afinal ele é apenas um Verme."

"Gostaria que você parasse de se referir a seu irmão desse jeito."

Já haviam se passado dez minutos, e nenhum sinal de Verme. Eu estava realmente orgulhoso dele, em silêncio todo esse tempo e trancado no galpão. Já estava na hora de dar mais um passo:

"John, estou preocupada com Cris!"

"Bobeira, ele está bem, foi com seu amigo Paul."

Minha mãe não tinha nenhum amigo Paul. Ela ficou branca.

"Mas... do que você está falando?"

"Verme foi com Paul procurar você, depois iam dar uma volta de trem."

Ela estava em pânico. Nós a tínhamos capturado na armadilha.

"Não conheço nenhum Paul, quem é esse homem?"

"Como vou saber? Ele é seu amigo!"

Eu estava ficando bom nessa brincadeira.

"Meu Deus! Não saia daqui!" Ela foi correndo, atrás dos policiais.

Achei que era melhor o Verme sair do esconderijo antes que a polícia aparecesse. Ele estava orgulhoso de ter cumprido seu papel, embora sua parte fosse apenas ficar quietinho.

Quando mamãe voltou com dois policiais e viu meu irmão, correu para abraçá-lo: "Onde você estava, Christopher?"

Antes que ele pudesse responder, fui logo dizendo:

"Paul o trouxe de volta, como tinha dito que faria."

Os policiais foram embora, enquanto Verme entrou na brincadeira:

"Andamos de trem, comi sorvete..." Ele tinha inventado isso sozinho. Acho que, um dia, ele seria tão bom quanto eu para criar histórias...

Mamãe suspeitava de alguma coisa, mas não sabia que estávamos juntos naquela brincadeira...Nem mesmo sabia que aquilo tudo fora uma peça, nem tinha idéia de onde meu irmão estivera. Mas como ele parecia estar bem, ela achou melhor esquecer tudo.

Não parei aí, eu aprontava com os vizinhos e os professores, especialmente um professor de biologia muito desagradável. Sua idéia de como eu devia fazer os trabalhos, e quando devia fazê-los, eram bem diferentes das minhas. Ele me atormentava durante as aulas no laboratório, erguendo meu sapo dissecado e mostrando como estava mal feito, para toda a classe me ridicularizar. Ele também me fazia perguntas, sabendo que não teria como respondê-las. "O que é isso?", diria, apontando para algum órgão do sapo. *Como vou saber?* eu pensava, mas não dizia nada. Isso era muito humilhante, e comecei a imaginar um jeito de distrair o professor com outras coisas e fazê-lo esquecer de mim.

Então, concluí que a melhor saída seria lhe fornecer material de leitura. Fui até a banca mais próxima, que eu sabia estar repleta de revistas pornô. Eles vendiam *Playboy* e *Penthouse*, mas o material mais pesado ficava sob a caixa registradora. Minha idéia era pegar os cupons de assinatura que ficavam dentro das revistas, mas não sabia como obtê-los. A única saída seria comprar essas revistas, mas eu não tinha dinheiro.

No sábado seguinte, montei uma barraquinha em frente a um restaurante, no centro da cidade, e coloquei uma placa que eu fiz:

AJUDE OS ÓRFÃOS
AJUDE-NOS A AJUDÁ-LOS
QUALQUER QUANTIA SERVE
SALVE UMA CRIANÇA

Foi muito fácil. Em algumas horas, tinha juntado 30 dólares em moedas e 16 dólares em notas. Para minha surpresa, ninguém me perguntou nada, ou duvidou do que estava escrito, apenas passavam e jogavam o dinheiro, sem mesmo olhar em minha direção. Por sorte, nenhum de meus conhecidos apareceu; teria sido constrangedor para mim, mas inspirador para eles: se algum de meus amigos me tivesse visto fazendo isso, tenho certeza de que estariam no mesmo lugar, no dia seguinte, fazendo a mesma coisa.

Eu conhecia muitos dos mendigos da cidade: Rug, Stimp, Fatso... Fui falar com Rug:

"Ei, você pode ir comprar algumas revistas pornô para mim, umas 5 está bom? Se você topar, pode ficar com uma delas."

Ele hesitou.

"E ainda te dou uma cerveja."

Isso bastou.

Naquela noite, com o endereço do professor em mãos, preenchi os formulários de assinatura em nome dele. Depois, coloquei uma das revistas na gaveta da mesa de meu pai e outra na estante com seus livros, assim, caso minha mãe as encontrasse, não faria nenhuma conexão comigo. A terceira revista, deixei na sala de espera da diretoria da escola e a última, num dos bancos da igreja.

Antes de distribuir as revistas, dei uma folheada para ver a qualidade de meu presente e encontrei, numa delas, o anúncio de Ursula, uma boneca inflável – o presente ideal para um solitário professor de biologia. Fiz a encomenda, usando 17 dólares de minhas reservas e esperei.

Nada aconteceu durante algumas semanas, até que um dia ele me chamou no corredor.

"Ei, John, o que você sabe sobre a Ursula?"

"Quem? Não conheço nenhuma Ursula..."

"É, foi o que pensei."

Foi aí que confirmei que meu plano tinha dado certo. O professor me deu um F no final do semestre, mas isso não importava mais: eu tirava F em todas as matérias. Só não sei se ele me deu F porque não gostou de meus trabalhos, se foi porque faltei em todas as suas aulas ou porque suspeitou que fui o responsável por colocar Ursula em sua vida.

Mas eu ri por último, e ri melhor. Depois que as aulas acabaram, encomendei dois carregamentos de cascalho e dei o endereço da casa do professor:

"Podem descarregar na calçada e colocar a conta na caixa de correio. Os pedreiros vão colocar tudo pra dentro amanhã."

Foram depositadas mais de 45 toneladas de cascalho na entrada de carro da casa do professor e, o melhor de tudo, a conta estava em nome *dele*.

Quem sabe Ursula pudesse ajudá-lo a tirar tudo aquilo da calçada.

5

Achei um Porsche

Quando eu estava com onze anos, meu pai obteve estabilidade no emprego e finalmente pôde comprar uma casa. Ela se localizava numa pequena cidade chamada Shutesbury, que era realmente pequena: procurei no Atlas que meu avô tinha me dado e vi que a cidade tinha apenas 273 habitantes...

A nossa casa parecia muito distante. Havia cinco casas enfileiradas na rua em que morávamos, mas eram todas separadas por árvores, de modo que nenhum de nós conseguia ver os nossos vizinhos. Após a fileira de casas, a rua continuava indefinidamente, sem nenhuma outra construção. Só havia matas e colinas. Todas as casas eram novinhas em folha e os pais que viviam nelas lecionavam na universidade, com exceção de uns poucos que ensinavam nas outras escolas, e logo descobri que alguns deles tinham filhos da minha idade.

Era a primavera de 1968 quando nos mudamos, e meus pais me tiraram da enorme escola onde estudava antes e me matricularam numa bem menor, com apenas duas salas. Lá, pude conhecer meus novos vizinhos e, dentre eles, Ken, da mesma idade que eu e que também tinha acabado de chegar. Logo nos tornamos grandes amigos e passávamos as tardes explorando as matas próximas.

Depois de ter morado em grandes cidades e nos descampados da fazenda, aquele lugarejo representava uma grande mudança. Vivíamos a pouca distância de uma movimentada cidade, que abrigava uma grande universidade, e todo o tipo de coisas interessantes ocorria por lá. Mas havia também quilômetros de matas e estradas para conhecer.

Um belo dia, vi marcas recentes numa das estradas abandonadas que costumávamos explorar. Eu caminhava por ali todos os dias, mas nunca tinha visto carros passarem. As estradas eram estreitas, com árvores e pedras e arbustos pendendo dos lados. Fazia muito tempo que não eram utilizadas e muitas delas não levavam a lugar nenhum. Ou, se levaram algum dia, agora terminavam num buraco no chão, com uma pedra fincada onde se podia amarrar os cavalos.

Cautelosamente, segui as marcas no chão e, alguns metros à frente, cheguei até uma clareira. E ali, bem no meio dela, estava um Porsche novinho. Azul, com bancos marrons. E um "90" cromado na traseira.

Alguém o havia deixado lá. Eu sabia o que era. Costumava ler revistas sobre automóveis e conhecia todos os modelos de carros que existiam. Conhecia tudo sobre Porsches, mas nunca tinha visto um tão de perto.

Aproximei-me devagar e percebi que o capô estava aberto, mas não havia nenhum motor. Será que tinha quebrado e o dono o tinha levado para consertar? Mas, de repente, outro pensamento passou pela minha mente: *e se o carro fosse roubado?* Tinha lido sobre isso em meus livros de aventuras e fiquei com medo de que os bandidos estivessem escondidos por ali. Não queria ser amarrado numa árvore, com a boca fechada com fita adesiva.

Olhei em volta e não ouvi nada, a não ser os passarinhos e o vento balançando as folhagens. Fechei o capô e fui embora lentamente. Quando cheguei à casa de Ken, contei sobre minha descoberta e voltamos ao Porsche. Ken logo percebeu o que acontecera:

"Foi a polícia que deixou aqui, é uma armadilha. Já vi na TV eles fazendo isso. Eles deixam o carro e ficam esperando alguém vir roubá-lo. Daí, eles pulam em cima e prendem o cara. Acho que eles estão nos vigiando agora mesmo."

"Mas está sem motor!"

"Por isso mesmo, quem roubar o carro não vai poder fugir!"

Olhei em volta, imaginando os policiais em roupas de camuflagem. Ou escondidos em buracos, como vi os fuzileiros navais fazendo na *National Geographic*. Resolvemos fugir.

Voltamos no dia seguinte, espreitando a clareira, em busca de evidências da armadilha da polícia. Não havia nenhum sinal, o carro estava do mesmo jeito que o dia anterior.

"Vou entrar nele", disse ao Ken.

"Seu burro, eles vão pegar suas digitais e vão prender você quando chegar na escola!"

Estaquei. Será que podiam fazer isso? Mas aí, as coisas ficaram claras:

"Eles não podem me prender, sou muito criança para roubar um carro."

Abri a porta do Porsche e sentei-me no banco. Ainda me lembro do cheiro do couro. Olhei no painel e vi o velocímetro, que marcava 190, mas eu sabia que o carro era mais rápido que isso. Também tinha um tacômetro, um relógio e outros botões. E vi o rádio.

Tinha um botão com AM e outro para Ondas Curtas. Os carros americanos não tinham isso... Meu pai tinha um rádio em casa com ondas curtas, mas nunca havia visto um carro com esse botão. Logo imaginei estar ouvindo a BBC de Londres, ou a HCJB de Quito, no Equador, a Voz dos Andes. De vez em quando, as ouvíamos em casa.

Esse rádio apenas confirmou o quão especial era um Porsche. Mamãe tinha comprado um carro novo, um Newport, mas ela bem que podia ter comprado um desses. Logo, fingi estar guiando em Le Mans a mais de 120 por hora, tomando cuidado para não sair de traseira (eu tinha lido que alguns modelos apresentavam essa tendência, então precisava tomar cuidado). Dirigi por horas e, quando estava escurecendo, voltei para casa para o jantar.

No dia seguinte, um guincho levou o Porsche embora.

"Acho que a emboscada não funcionou e eles vão colocar o carro noutro lugar", afirmou Ken. Aquele guincho era contratado pela polícia local, então achei que Ken devia estar certo sobre aquela história de armadilhas e emboscadas. Só não consegui descobrir de onde a polícia estava nos vigiando.

Quando cresci mais um pouco e pude andar para mais distante, descobri que as pessoas roubavam carros, retiravam as peças mais valiosas e abandonavam as carcaças pelas matas. Encontrei várias delas nos lugares mais estranhos, com árvores nascendo pelas janelas onde antes havia vidros: Buicks, Chevys, Studebakers... De vez em quando, achava um caminhão ou um carro esporte.

Meu próximo encontro com um Porsche se deu apenas 3 anos mais tarde, quando eu já sabia dirigir. Tinha amigos que possuíam carros e eu os ajudava a consertá-los e a fazer test-drives.

Eu estava na casa de meu avô, que era vendedor de produtos veterinários e viajava por todos os Estados do Sul.

"John, acabo de comprar um Porsche em um leilão, é um 914!".

Era o modelo mais possante, com um motor de dois litros. Abri o capô e imediatamente reconheci a estrutura do motor traseiro VW. Meu amigo Mark tinha um Volks com motor igual e eu tinha ajudado a reconstruí-lo há pouco. Meu avô me deixou dirigir e se enfiou no banco de passageiros:

"Droga, esses carrinhos europeus são apertados!". Meu avô só dirigia Cadillacs, provavelmente porque era gordo demais para caber em carros menores.

Peguei a rodovia e logo estava pisando fundo, sem perceber. Quando voltamos, lavei e encerei o carro cuidadosamente. Tentei impressionar meus avós com todo esse cuidado, porque, se tivesse sorte, quando meu avô perdesse o interesse pelo Porsche, ele seria meu. Afinal de contas, o que mais ele poderia me dar, a não ser esse carro?

Mas ele não me deu. Ao invés disso, emprestou-o para o meu tio, que o esborrachou numa árvore.

Só consegui meu próprio Porsche aos vinte e um anos, quando comprei um 912 bege. Passei inúmeras horas restaurando aquele velho carro. Remontei o motor e, depois, refiz a lataria. Provavelmente, devo ter retirado e recolocado todas as peças daquele Porsche, uma de cada vez. Raspei a velha pintura bege e dei o acabamento final em um bonito verde-água. Depois, me cansei dessa cor e repintei-o de vermelho metálico. Parecia perfeito. Então, um dia, percebi que havia um problema fundamental com o meu Porsche: não havia mais nada para refazer.

Então, vendi meu 912 e comprei um 911E cinza.

Desde então, já possuí 17 Porsches, e reconstruí ou consertei cada um deles. Mesmo com dinheiro, nunca comprei um carro novo. *Qualquer um que tenha dinheiro pode comprar um Porsche novo*, eu pensava. *Mas apenas um artesão é capaz de restaurar um Porsche velho*. E foi isso que sonhei ser, um artesão, um artista trabalhando em aço automotivo.

6

Anos de pesadelo

Uma nuvem escura deslocou-se sobre nossa família durante o tempo em que moramos naquela pequena cidade no meio do bosque. Houve alguns bons momentos – as explorações pelas matas e os meus Porsche, por exemplo –, mas as coisas se tornaram fora de controle com os meus pais.

Meu pai já vinha bebendo antes, mas agora ele havia acelerado o ritmo. As garrafas vazias começaram a se acumular sob a mesa da cozinha. Quando íamos levar o lixo, as garrafas enchiam a traseira do carro. Na verdade, eram mais que garrafas, eram enormes garrafões de vinho. Meu pai emanava o cheiro de bebida por todos os poros.

Ele tinha sido sempre rápido em me espancar, mas agora, que bebia demais, ficara mais maldoso e repelente. Ele se tornara perigoso. Certa vez, meu pai estava sentado na mesa de jantar, bebendo. Eu passei ao lado e suponho que tenha feito algum barulho do desagrado dele, porque em seguida me agarrou, balançou-me violentamente e, na seqüência, atirou-me contra a parede com tanta força que o reboco rachou. Fiquei atordoado, e minha mãe correu, gritando: "Deixe John em paz!" Escorreguei até o chão, incapaz de me mover, e ele correu para fora, entrou em seu carro e saiu em disparada. "Tomara que bata o carro e morra!", gritei.

Com onze anos de idade, eu era capaz de me defender, de alguma forma. Mas é um milagre que meu irmão tenha conseguido crescer e tornar-se um adulto. Com cerca de três anos, ele poderia facilmente ter sido atirado em um forno ou enterrado num buraco. Tenho certeza de que crianças pequenas e indesejadas tenham terminado seus dias dessa forma. Afinal, quando se vive no meio da floresta, quem vai perceber se um dia um bebê passa engatinhando por aí e, no outro dia, não aparece mais? Já que o meu pai não gostava muito de meu irmão, naquela época, acontecer isso com meu irmão seria perfeitamente possível.

Meu pai sentava-se toda noite à mesa na cozinha, em frente da pia e da TV em preto-e-branco. Seu cabelo era desgrenhado, os seus olhos fundos, circundados por olheiras escuras. Ele se espalhava no assento daquela cadeira, com o copo bem à sua frente e um garrafão até a metade, no chão. O cigarro queimava esquecido no cinzeiro, o maço ficava aberto em cima da mesa. Às vezes, no torpor da embriaguez, sua mão escorregava e espalhava tocos de cigarro por todo lado. Em outras ocasiões, minha mãe se juntava a ele e as bitucas dos cigarros dos dois podiam ser encontradas em qualquer lugar. Na louça, dentro dos copos. Até na comida que nos serviam.

Com o passar do tempo, parecia que minha mãe se desligava, e seus pensamentos vagavam sem rumo. Quando voltava desses devaneios, insultava meu pai, o que o deixava mais furioso. Nesses momentos, eu precisava ter ainda muito mais cuidado com ele.

Às vezes ele me chamava.

"John, venha aqui, filho." Ele vinha em minha direção e me agarrava.

Isso era horrível.

Ele dizia: "Eu te amo, filho", e raspava seu queixo barbado em mim, babando e mantendo-me dolorosamente apertado.

Eu era geralmente capaz de escapar depois de alguns instantes, quando ele esticava o braço em busca de outro copo. "Volte aqui!", ele berrava, mas a esta altura eu já estava trancado em meu quarto.

Algumas vezes eu reclamava, e ele me batia com seu cinto. Se minha mãe estivesse por perto, ela tentava me salvar. Não me lembro se ele se voltava para bater nela, mas era nesse momento que eu conseguia fugir.

Em outras ocasiões, eu me escondia em meu quarto, rezando para que ele tivesse ido embora, mas meu pai aparecia na porta. Eu enterrava o rosto no travesseiro, mas ainda assim podia ver sua sombra recortada contra a luz do corredor. E sentia seu cheiro quando se aproximava da minha cama. Então, conseguia perceber quando ele tirava o cinto da calça, torcendo para que tivesse uma boa pilha de cobertores sobre mim.

Paf! O cinto começava a estalar.

Ele batia o mais forte que conseguia. Eu achava, na época, que meu pai era muito forte, mas na verdade era apenas um professor alcoólatra e fora de forma... Se fosse diferente, ele teria me matado.

Podia soluçar, ou apenas ficar quieto, dependendo de quanto eu tivesse apanhado. E, nessas horas, me lembrava do canivete que meu avô me dera no Natal. Afiado, de aço inox. Seria a melhor ocasião para atirar-me sobre ele e enterrar o canivete em sua barriga até o cabo. Mas eu tinha medo. *E se eu errasse? E se ele não morresse?* Tinha visto nos filmes que esses monstros não morrem, eles continuam vindo. Aí, sim, ele poderia me matar, mesmo.

No dia seguinte, eu costumava ir até o quintal e esmagar o caminhão de meu irmão com pedras. As maiores que encontrasse. Era tudo o que eu podia fazer.

Uma noite, ele chamou meu irmão, em vez de mim.

"Venha cá, Cris." Sua voz estava pastosa. Verme era muito pequeno para desconfiar dele. Moleque idiota. Meu irmão chegou mais perto e meu pai o agarrou, colocando-o sobre os joelhos.

Nada aconteceu durante alguns minutos e eu relaxei, Verme estava sorrindo, afinal das contas. Então, meu pai se inclinou e apagou o cigarro na testa do menino. Meu irmão gritou de dor e ainda hoje, quarenta anos depois, não consigo me lembrar de como ele escapou.

Tal como os cães que tinham sido espancados, ficamos desconfiados dele. Mas nós nunca admitimos nada disso a qualquer outra pessoa. Ser espancado ou intimidado é humilhante, ainda mais quando acontece em casa. Levei muitos anos reunindo forças para contar essas histórias neste livro.

Ainda assim, por alguma razão inexplicável, eu fui bem na escola, melhor do que eu já tinha ido, e como nunca mais voltei a fazê-lo depois.

Quando me formei na sexta série, a nossa turma tinha recebido sete prêmios e ganhei seis deles. Eu estava acostumado a ouvir meu pai prever que meu futuro seria o de frentista de posto de gasolina. Naquela noite, porém, ele disse: "Filho, estou muito orgulhoso do que você fez." Mas, então, fomos para casa, onde ele procurou a sua garrafa de xerez, sozinho na cozinha. Lá pelas nove da noite, aquele orgulho já havia desaparecido há muito tempo.

Nenhum dos meus professores sabia ou sequer adivinhava que os meus pais brigavam todos os dias. Brigas feias e barulhentas. E então, meu pai começou a desmoronar. Primeiro, ele teve psoríase: desagradáveis crostas brancas por todo o seu corpo. Se eu achava os cigarros repugnantes, essas escamas eram piores. Elas caíam constantemente, entupindo o dreno da banheira. Meu pai deixava uma trilha de flocos brancos por onde passava. No chão. Sobre os tapetes. Em suas roupas. As piores concentrações eram no seu banheiro e no seu quarto. Eu ficava bem longe desses lugares.

A minha mãe teve de lavar nossa roupa separadamente, porque se fossem lavadas juntas, viriam com pequenas pintas brancas de pele e eu não as usaria. Ela precisava lavar três ou quatro vezes para que ficassem limpas o suficiente para serem vestidas.

E, em seguida, veio a artrite. E a gota nos joelhos, e injeções de cortisona, e as dores e sei lá mais o quê. Ele estava com trinta e cinco anos, apenas, e já estava se desmanchando. Ninguém sabia a razão, ou pelo menos foi o que disseram. Mas agora eu sei. Ele era desprezível além da conta. Meus pais saíram de uma infância terrível para um casamento ainda pior e, agora, eu estava vivendo o resultado disso.

Um pai como o nosso já teria sido o suficiente para qualquer família, mas ainda tínhamos a minha mãe. Foi por essa época que ela começou a ter os sinais da doença mental que, mais tarde, a levou a ser internada num sanatório. Ela via demônios, pessoas, fantasmas. Nos cantos, na luz, no teto.

"Ali, você não está vendo?", e eu nunca vi nada.

Algumas das coisas que ela dizia eram tão chocantes que ficaram bloqueadas em minha memória e não consigo mais repeti-las. São dolorosas demais para serem lembradas novamente.

Meus pais levaram um ao outro à loucura, e quase fizeram o mesmo comigo. Por sorte, o Asperger me isolou da pior parte dessa insanidade, até que eu tivesse idade suficiente para escapar.

Minha mãe costumava dizer, "John, seu pai é uma pessoa muito inteligente, mas muito perigosa. Ele é mais esperto que os médicos, eles pensam que ele é normal, mas não sabem que estão sendo enganados. Eu tenho medo de que seu pai vá tentar nos matar. Precisamos achar um lugar pra gente se esconder. Precisamos nos afastar dele até que os médicos consigam controlá-lo."

Acreditei nela por muito tempo, mas hoje entendo que tudo isso não era mais que loucura. Da parte de ambos.

Quando fiz treze anos e meu irmão completou cinco, minha mãe conheceu o Dr. Finch. A primeira vez que o encontrei estava com toda a família, e eu estava indeciso, porque já tinha ido a grupos de ajuda, terapeutas, conselheiros, todos tentando descobrir o que havia de errado comigo. Mas ninguém havia descoberto nada. Só que, naquela época, eu já sabia qual era o problema.

"Nós temos os pais errados, Verme. Observei os pais de meus amigos e eles não têm nada a ver com os nossos." Mas Verme não sabia de nada. Ele era muito pequeno.

Eu sempre ficava cuidando de Verme quando meus pais saíam, mas desta vez eu ia ter que ir junto. Então, fui falar com ele.

"Verme, nós todos estamos indo falar com um psiquiatra sobre você. E não vou poder ficar porque eles querem perguntar pra mim o que fazer. Então, vou amarrar você aqui, assim ficará em segurança até a gente voltar."

"John, pare de assustar o Cris desse jeito. A babá já chegou."

Fomos até o consultório do Dr. Finch. Ficava atrás de uma porta de madeira e com o nome dele pintado com tinta dourada num vidro esfumaçado, igualzinho aos escritórios de detetives dos filmes. O aquecedor ficava chiando o tempo todo, e o consultório cheirava tapetes velhos e pessoas cansadas.

"Boa tarde, sou o Dr. Finch."

Ele era velho e gorducho, com cabelos brancos e um sotaque vagamente estrangeiro. Parece que meus pais já o tinham consultado antes, e haviam falado dele para meu avô.

"Cuidado com esse Finch," meu avô me disse, quando contei a ele que iríamos vê-lo. "Mandei investigar esse homem."

Porque ele tinha mandado investigar o Dr. Finch era um mistério para mim. Mas fiquei de olho nele, como vovô pedira.

Um de cada vez, primeiro a minha mãe, depois meu pai e eu fomos falar com o médico e, em seguida, no final, fomos todos em conjunto. Não me lembro sobre o que conversamos na primeira visita, mas logo depois que passamos a vê-lo com freqüência, Dr.Finch fez duas coisas que mudaram minha vida: ele me disse que eu poderia chamar meus pais de qualquer coisa que eu quisesse, e ele disse a meu pai que deveria parar de me bater. E, ao contrário do que ocorrera com os outros médicos, as sugestões foram seguidas. Meu pai nunca me bateu novamente. Por isso, vou ser sempre grato a Dr.Finch, não obstante o seu comportamento bizarro mais tarde.

"John escolheu seus novos nomes", disse ele, chamando-os depois de ter conversado comigo sozinho. "Tenho encorajado ele nesta direção, como sinal de sua livre expressão. John...?" Ele virou-se para mim e esperou. "Você vai se chamar Escrava", disse, olhando para a minha mãe.

"E o seu nome será Estúpido", disse ao meu pai.

"Sim, John", disse minha mãe. Ela fazia tudo para me agradar.

"Eu não gostei disso", disse o meu pai.

"Bem, você tem que respeitar as opções de John", disse o médico.

Dr.Finch podia não saber nada sobre a Síndrome de Asperger naquela época, mas ele foi a primeira pessoa a apoiar e incentivar a minha vontade de dar nomes às coisas da minha maneira.

"Não importa o que diga, você não pode bater nele." Isso era sempre repetido, para benefício de meu próprio pai. Minha mãe nunca me bateu e, daquele dia em diante, meu pai também parou de fazer isso.

Comecei a sair com sua filha Hope e um outro paciente, Neil. Não havia dúvidas de que o médico era excêntrico. Ele vivia numa enorme casa vitoriana no centro da cidade, sempre apinhada de amigos e pacientes, que pareciam adorá-lo. Sempre tive dúvidas em relação a ele, mas como tinha conseguido resultados comigo, deixei quieto.

Vovô nunca parou de me dizer, "Cuidado com esse Finch..." e eu ouvia rumores sobre ele na cidade, mas o fato é que o Dr. Finch me fez muito bem naqueles primeiros anos.

É uma pena que as coisas tenham corrido tão mal nos anos seguintes.

7
Fácil de montar

Até meus 13 anos, eu havia estudado tudo sobre pedras e minerais, dinossauros, planetas, navios, tanques e aviões. Mas, naquele Natal, ganhei algo diferente: um kit de eletrônica!

Meus pais deram-me um kit de computador, com quarenta e dois componentes, incluindo três transistores, três marcadores e um medidor. Tudo isso numa caixa de plástico preto. Fácil de montar. Pilhas não incluídas.

A palavra *computador* significava algo muito diferente no final dos anos 60. Meu novo computador era, na verdade, uma régua de cálculo eletrônica, para quem se lembra de réguas de cálculo. Para usá-lo, você colocava os marcadores sobre os dois números que você queria multiplicar. Então, virava o terceiro marcador até o contador zero. Então, quando isso acontecia, ele mostrava o resultado da multiplicação.

Mas antes de chegar a esses cálculos, no entanto, eu precisava montar o computador. Eu tinha um saco de resistores, transistores, potenciômetros, o suporte das pilhas e um medidor.

"Como se monta isso?" perguntei.

"Não sei, filho. O que eles falam nas instruções?"

"Aqui diz apenas *fácil de montar*, e que precisamos de alicates, arames e solda."

"Bem, eu tenho uma solda no porão", disse meu pai.

A versão noturna de meu pai era realmente amedrontadora, mas durante o dia ele era bem legal, às vezes. Antes de escurecer, ele quase nunca me agredia, chegando por vezes até a ajudar em meus projetos.

Como me debati com esse computador! Ele provavelmente não tinha mais de vinte peças, o resto dos "quarenta e dois componentes" sendo as porcas, parafusos, escalas e a caixa onde tudo isso fora montado. Era muito simples, mas eu demorei duas semanas antes de fazê-lo funcionar.

Meus pais me compraram livros sobre eletrônica que, esperavam, iriam ajudar. Foi com eles que aprendi a soldar e comecei a perceber o que os diferentes componentes eletrônicos eram, e como eles trabalhavam. Resistores, capacitores, transistores, diodos e tudo o mais se tornaram reais para mim – não apenas palavras impressas em uma página. Eu estava orgulhoso de mim mesmo, e estava pronto para mais.

Decidi me inscrever para as aulas de eletrônica no ensino médio. *Talvez eu me dê bem,* pensei. Eu tinha obtido boas notas na sexta série, mas depois minhas notas começaram a cair no ginásio, e eletrônica pareceu muito mais interessante do que biologia, alemão ou ginástica.

Como esse curso era do ensino médio, tive que fazer um teste para ver se estava apto a seguir as aulas. Foram 20 perguntas muito fáceis, e descobri que sabia mais do que o curso básico. O escritório do prof. Gray era repleto de fios, conectores, capacitores e muitas outras peças que me deixavam fascinado. O professor achou que podia pular direto para o próximo nível, e eu estava tão motivado que o completei em algumas semanas. Logo a seguir, passei a pesquisar na universidade e tentei aprender algumas coisas por conta própria.

Procurei o marido de uma amiga de minha mãe e ele abriu as portas de um novo mundo para mim. Dr. Edwards me levou ao laboratório de Eletrônica da universidade e me apresentou ao novíssimo centro de pesquisa, onde havia um enorme "cérebro eletrônico" numa sala com ar-condicionado. Os engenheiros me adotaram como uma mascote e comecei a estudar lá depois da aula, quase todos os dias.

Passei a esmiuçar os equipamentos de casa. Eles eram antigos, afinal das contas, e eu me coçava para abrir cada um deles e ver como funcionavam. Convenci meus pais a me darem todos os rádios antigos e, logo, as gavetas de meu quarto ficaram abarrotadas de diversas peças e transistores.

Meu pai construiu uma mesa no porão, para que eu trabalhasse, e foi lá que passei da fase de desmontar coisas para a fase de construir coisas. De início, eram aparelhos simples e úteis, como um rádio. Depois, passei a construir aparelhos para diversão, como quando soldei dois fios a um capacitor e montei uma mini-arma de dar choque.

Fui testar no cachorro, mas ele fugiu e se escondeu. Então, resolvi usar meu irmão como cobaia – carreguei o capacitor na fonte de um antigo televisor de meu pai e fui falar com ele.

"Ei, vamos brincar de Eletrocutar o Verme", eu disse, disfarçando com um sorriso e escondendo o aparelho nas costas, tentando não dar um choque em mim mesmo.

"Do se trata?", ele perguntou, com um ar de suspeita.

Antes que ele conseguisse escapar, eu o agarrei e dei um choque, que o fez pular bem alto. Algumas vezes, meu irmão revidava meus ataques, mas dessa vez ele fugiu rapidamente, sem saber que minha mini-arma só tinha carga para uma vez. Só muito mais tarde consegui aprender como construir uma arma com várias cargas.

"Mãe, John fez um negócio para Eletrizar o Verme!"

Eu logo passei para experimentos mais sofisticados. Mas caí numa encruzilhada: os livros da faculdade de engenharia usavam equações para descrever o modo como as coisas funcionavam, mas eu não entendia a matemática. Eu conseguia visualizar as equações na minha cabeça, mas elas não pareciam ter nada em comum com aquelas dos livros. Era como se eu pensasse em uma linguagem totalmente diferente. Quando via uma onda sonora descrita em um livro, ela estava impressa ao lado de uma equação com símbolos que eu não compreendia. O engraçado é que eu visualizava uma onda e quase podia ouvir o som, ou seja, não era nada conectado com símbolos. Foi nessa época que meu interesse por eletrônica convergiu com a música.

Quando estava na quinta série, meu interesse em música despertou. Ao ver meu primo tendo aulas de guitarra, decidi aprender a tocar contrabaixo e minha avó me levou a uma loja de aparelhos musicais. O vendedor me apresentou a um contrabaixo e quando toquei uma corda, isso me arrebatou. Meia hora depois, saímos de lá com um contrabaixo, um amplificador, um microfone, algumas cordas e vários livros de música.

Pratiquei durante todas as férias, acompanhando as músicas no rádio e estudando minhas partituras. Mas eu era um terrível baixista, porque eu conseguia ler música, conseguia ouvir a música em minha mente, mas não era capaz de traduzir tudo aquilo em movimentos coerentes de meus dedos. Os sons que eu emitia eram horríveis.

Olhei o amplificador Fender que vovó tinha me dado. Leo Fender havia criado os melhores amplificadores e guitarras do mundo, mas eu achava que ainda havia espaço para melhorias. Já que não conseguia tocar direito, quem sabe pudesse fazer alguma coisa com o amplificador. E decidi integrar as peças de rádio e TV que eu tinha com aquele aparelho, para criar alguma coisa nova.

Minhas idéias deram certo e meu amplificador ficou mais potente, com um som muito melhor. Levei a alguns shows e pedi que os músicos o comparassem com seus próprios equipamentos.

"Cara, esse som é demais!", eu tinha finalmente acertado uma. "Você consegue fazer isso com o meu?", essa passou a ser uma frase muito comum, então comecei a modificar os equipamentos dos músicos, que trouxeram outros músicos. E passei a consertar instrumentos, também.

Com a prática, fui capaz de entender quais efeitos no som as minhas modificações causavam. E logo passei a criar novos efeitos sonoros – naquela época, os disponíveis para a maioria dos músicos eram o tremolo e o vibrato. E comecei a pesquisar também os circuitos transistorizados, porque os amplificadores Fender usavam válvula, uma tecnologia dos anos 50. Ao estudar os circuitos, descobri um meio de criar pequenas caixas de efeitos sonoros alimentadas por pilhas.

Meu modo de trabalhar consistia em visualizar o projeto, depois construí-lo e então comparar os resultados imaginados com os resultados reais. Gradualmente, me tornei capaz de visualizar os resultados dos meus desenhos com um bom grau de precisão.

Nesta altura, eu tinha conseguido vários avanços fundamentais. Primeiro, era capaz de compreender os próprios componentes eletrônicos. Eles eram a base de tudo que viria a seguir. Em seguida, eu tinha conseguido, de alguma forma, visualizar os complexos cálculos das funções que descrevem o comportamento dos circuitos eletrônicos. Por exemplo, eu via os tons puros de uma guitarra ao entrar em um circuito, e via as ondas sonoras modificadas – incomensuravelmente mais complexas – saindo. Entendi como as mudanças no circuito ou nos valores dos componentes iriam alterar as ondas. E, principalmente, desenvolvi a capacidade de traduzir essas ondas que eu via na minha mente em sons que imaginava, e esses sons imaginários eram quase os mesmos quando construía os circuitos.

Ninguém sabe porque uma pessoa tem um dom como este e outra não, mas já encontrei várias pessoas com Asperger que apresentam as mesmas habilidades que eu. Na minha opinião, parte dessa aptidão – que acho ser de nascença – vem da minha extraordinária capacidade de concentração.

Passava minhas noites livres nos shows. Os donos de clubes, seguranças, e mesmo os barmen me reconheciam; os músicos vinham falar comigo e todos pareciam me respeitar. Eu me sentia bem e finalmente tinha encontrado um lugar onde me encaixava.

Isso foi um alívio, porque a situação em casa vinha se deteriorando. Continuávamos indo ao Dr.Finch, e meu pai certamente me tratava melhor, mas as brigas entre meus pais estavam ainda mais brutais. E ambos estavam cada vez pior. Meu pai bebia mais do que nunca, e ele vivia deprimido e retraído. Às vezes, ficava na cama o dia todo. E a minha mãe se tornava cada dia mais maníaca, até que um dia pifou de vez. "Sua mãe teve um surto psicótico", o médico me disse. Minha mãe retornou poucos dias mais tarde, drogada e fraca.

Em busca de distrações, comecei a visitar o centro audiovisual da escola. A maioria dos alunos estava interessada nas câmeras e no estúdio de TV, mas eu não. Eu queria saber como as coisas funcionavam, corrigilas e torná-las melhor. E os dois técnicos, John Fuller e Fred Smead, ensinaram-me como fazê-lo. Eles realmente me ajudaram no meu caminho, e tenho com eles dois uma dívida de gratidão.

"Você já consertou um desses?" John sinalizou para uma pilha de toca-discos quebrados. A escola possuía dezenas deles, usados por quase todos os departamentos. Eles eram frágeis e quebravam a toda hora. Então, meu novo trabalho na escola passou a ser consertar esses aparelhos.

Cada item que eu consertava me ensinava algo novo. Eu aprendi como soldar minúsculos fios e como funcionavam as agulhas; aprendi o que podia acontecer de errado com os circuitos e como solucionar. Em breve, consertava três ou quatro aparelhos numa tarde e a pilha de toca-discos quebrados desapareceu.

"Você acha que podemos ensinar ao rapaz alguma coisa sobre gravadores?" Fred perguntou, e logo os gravadores quebrados foram adicionados ao meu trabalho. Dentro de uma semana, comecei a consertar os gravadores do departamento de idiomas. Estas máquinas tinham uma vida dura, indo para frente e para trás, com os alunos rebobinando a fita e depois ouvindo-a novamente. Em breve, eu estava usando o que eu tinha aprendido na escola para criar ecos e toda uma nova geração de efeitos sonoros – os músico adoraram.

Pela primeira vez na minha vida, eu era capaz de fazer algo que os adultos consideravam de utilidade. Podia ser rude, ou não saber o que dizer ou como me comportar em ocasiões sociais, mas se eu conseguia consertar cinco gravadores em uma tarde, eu era "magnífico". Ninguém, exceto meus avós, tinham me chamado assim antes.

Outra coisa que eu encontrei ali foi a garota que se tornou a minha primeira esposa. Mary Trompke era outra criança tímida e com problemas, como eu. Algo sobre ela me fascinou. Mary era muito inteligente, mas não falava muito. Ainda assim, eu estava determinado a conhecê-la melhor. Ela passou a se sentar comigo enquanto consertava gravadores e projetores e logo começou a me ajudar nesse trabalho.

Passei a levá-la para casa depois da escola. Os seus pais eram divorciados, e ela vivia com a mãe, seus três irmãos e sua irmã em uma pequena casa num sítio. Seu pai era um alcoólatra violento, como o meu.

Sua mãe estava sobrecarregada, vivia distraída e não confiava em mim. Eu era, para todos os efeitos, um rapaz cabeludo, sujo, vulgar e... um macho. Portanto, ela não viu com bons olhos quando eu comecei a levar seu bebê para casa.

Eu a chamava de Ursinho e a mãe a chamava de Mary Lee ou Filhota, mas esses nomes nunca me fizeram sentido. Por alguma razão, eu sempre tive um problema com nomes. Para as pessoas próximas a mim, por exemplo, tenho de lhes dar um nome que eu tenha criado. Às vezes eu a chamava de Filhota apenas para irritar, mas como ela ficava louca da vida, eu parava.

Estava totalmente enamorado e a achava atraente, com aqueles cabelos negros presos em trancinhas. Ela foi a primeira pessoa que eu conheci que podia ler tão rápido quanto eu, às vezes até mais rápido. E Ursinho lia livros muito empolgantes: Asimov, Bradbury e Heinlein. Logo, passei a lê-los, também. Mas eu era tímido e inseguro demais para lhe dizer o que sentia por ela. Então, continuamos a conversar e ler e a consertar gravadores e a andar pela cidade todos os dias.

Esse era um namoro entre Aspergers, em 1972.

8
Até os cães tinham medo de mim

Qualquer criança irá confirmar que mesmo os cãezinhos mais gentis podem morder, se você puxar suas orelhas e a sua cauda durante muito tempo. Existe um lado obscuro no portador de Asperger que, na maioria dos casos, tem a ver com as relações que mantivemos na infância com pessoas que não nos tratavam da forma como gostaríamos de ser tratados.

À medida que eu ficava mais velho, tinha uma sensação de que havia poucas pessoas que poderiam fazer com que eu me sentisse amado. Ursinho era uma delas, e meus avós também, a quem sempre visitava nas férias. Quando tinha 13 anos, fui passar as férias com eles, como de costume. A primeira pessoa que vi ao sair do avião foi minha avó Carolyn:

"Ooooooooh, John! Olhe só como você cresceu, está tão grande! Você está tão bonito!"

Ela me abraçou. Mesmo com todo o meu sarcasmo, eu me sentia feliz em reconhecer como eles ficavam orgulhosos de mim e contentes em me ver. Ninguém mais me fazia sentir assim:

"Seu tio Bob está vindo neste fim de semana e ele disse que ia ensinar você a dirigir! Ooooooooh Deus, o meu bebê dirigindo um carro!"

No final de semana, meu tio e eu pegamos o carro da vovó. Era um Buick Electra 225 vinho, de duas portas. Eu estava um pouco nervoso, dirigia tratores na fazenda desde os 12 anos, mas agora estava prestes a conduzir um carro. Em uma estrada!

"Se você já guiou um trator, será moleza dirigir o Buick. Ele tem transmissão automática e direção hidráulica."

Eu dirigia o grande trator na estrada a todo o momento, quando vovó me pedia para ir comprar fertilizante no armazém da cidade. Ou ia buscar sorvete: estacionava o grande trator junto dos carros, comprava o sorvete e dirigia de volta o mais rápido que o trator conseguisse, para chegar em casa antes que o sorvete derretesse.

Eu não tinha medo de tratores porque não iam muito rápido. Mas o carro era diferente. Engatei a marcha e acelerei. O carro deu um pulo para frente e pisei nos freios, o veículo derrapou na areia branca do acostamento e parou. Ainda bem que não tinha ninguém por ali nos observando.

"Calma, rapaz", disse meu tio.

Com muito cuidado, eu soltei o freio. O carro começou a andar. Desta vez gentilmente, pisei no freio e o carro parou. Meu tio tinha razão. Era fácil de guiar.

Pegamos a rodovia e dirigi até a casa de minha bisavó, que ficava não muito distante da fazenda de meus avós. Ela era bem velhinha e não saía mais. Quando eu era menor, achava que ela havia lutado na Guerra Civil, o que não era verdade, mas ela nascera apenas um pouco depois. Minha bisavó nunca tinha me visto guiando o trator e estava muito impressionada:

"Oh Deus, John, mas deixe-me olhar para você! Como você cresceu! E agora você está dirigindo!"

Putz, pensei, *ela está tão entusiasmada quanto minha avó. Gozado, elas falam do mesmo jeito*. Fiquei satisfeito e orgulhoso, mas tive o cuidado de não demonstrar porque eu sabia, a esta altura, que homens de verdade não manifestavam suas emoções em ocasiões como estas.

Ela fuçou na cozinha durante um tempo, procurando por algum lanchinho. Meus parentes sempre me davam comida quando ia visitá-los, e ela me trouxe um pote de sorvete que havia comprado só para mim.

"Logo você será um homem adulto e terá seu próprio carro! Você sabia que meu pai teve o primeiro carro da cidade? Ele o trouxe de trem lá do norte!"

Puxa, aquilo era impressionante. Meu trisavô tinha sido o dono do primeiro carro da cidade, que hoje tinha um monte de carros circulando para lá e para cá. UAU, eu tinha pedigree!

Quando fui embora, minha bisavó ficou na varanda, para se despedir. Dei a ré e coloquei o carro na posição para pegar a estrada. Fui para frente, mas aconteceu um problema: eram muitas coisas a fazer ao mesmo tempo. Pisar no freio e no acelerador, mudar a marcha, virar o volante... Tive uma pane e não consegui coordenar a seqüência de todas as operações, enfiando o Buick numa vala. Naquela região, sempre havia uma vala no acostamento das estradas.

Meu tio, que estava fora do carro e observa orgulhoso as minhas manobras, deu um pulo para trás para evitar ser esmagado pelo carrão: "Droga, John, você amassou o carro!"

"Oooooohh, John!" Lamentou minha bisavó.

Mas o carro não parecia muito avariado, e o que na verdade tinha saído do lugar havia sido apenas o poste com a caixa de cartas: ele havia caído no chão com o impacto da batida. Meu tio foi até o galpão atrás da casa, que estava repleto de ferramentas, e saiu de lá com um instrumento para cavar buracos: parecia uma enorme concha de metal com duas hastes laterais bem compridas. Aquilo era uma ferramenta que podia fazer muito mais do que apenas cavar buracos para se colocar postes, pensei.

Depois que meu tio cavou um novo buraco, recolocou a caixa de cartas no seu devido lugar e encheu-o de terra, levou aquilo para a casa de meus avós e passei as férias cavando buracos; eram buracos que serviam para uma porção de coisas: bastava colocar uma metralhadora e seria um posto avançado de vigilância; cobrindo com papel por cima, virava uma armadilha para ursos; e se o cachorro não se comportasse, bastava atirá-lo no buraco e ele ficaria preso.

Quando voltei para casa, fui investigar se meu pai tinha alguma coisa parecida e, sim, ele também tinha uma ferramenta igual. Fui para a frente da casa e comecei a cavar buracos. Quando o primeiro buraco estava na profundidade de meu joelho, bati numa pedra. Saí de lá e comecei a cavar outro, e a mesma coisa aconteceu. Logo, a frente da casa estava cheia de buracos rasos, porque o subsolo tinha pedras. Isso não acontecia na fazenda de meus avós, lá não havia pedras.

Havia uma grande pilha de folhas secas e lascas de madeira em uma das laterais de nossa casa. Meu pai havia comprado um carregamento de terra orgânica para espalhar no quintal e melhorar a aparência das árvores e das plantas. Mas ele nunca fez isso, e a pilha ainda estava lá, em decomposição, no mesmo lugar em que o caminhão havia despejado. Eu decidi que seria um bom lugar para escavar um buraco mais profundo. Não deveria haver nenhuma pedra por ali.

Era fácil escavar em lascas de madeira e folhas secas, muito mais fácil do que na terra. Acabei encontrando uma pedra novamente, mas desta vez o buraco tinha pelo menos um metro e meio de profundidade. Já estava na hora de testá-lo.

"Verme, venha cá. Temos um buraco para testar," gritei na janela. Ele estava sentado em seu quarto, olhando para as fotos na revista People. Meu irmão gostava de me ajudar nos experimentos, porque quase sempre se divertia sem se machucar.

Verme saiu de casa e fiz sinal para ele vir até onde eu estava, ao lado de um dos buracos mais rasos. Eu tinha que ter cuidado para não levantar suspeitas e ele fugir.

"Eu quero ver se é fácil sair dessas armadilhas que preparei. Deite-se no chão e eu coloco você dentro, aí você tenta sair o mais rápido que puder".

"Tá bem", disse ele.

Eu o levantei pelos pés e baixei-o num dos buracos. Ele tinha que começar por um bem fácil. Logo meu irmão escalou pelas bordas e escapou.

"Essa foi fácil!"

Claro que foi fácil. É por isso que escolhi justo esse buraco, mas não disse nada.

"Agora, vamos tentar este." Fomos para o buraco na pilha de raspas de madeira e folhas secas. Este era bem mais fundo e Verme logo desapareceu lá embaixo. Ele tentou se agarrar nas bordas, chutou as laterais do buraco, mas tudo que conseguiu foi fazer mais folhas e entulho caírem em sua cabeça. Desta vez, estava realmente preso.

Fiquei satisfeito, havia conseguido cavar uma armadilha suficientemente boa para prender crianças grandinhas. Fui comer alguma coisa e fiquei por lá uns dez ou quinze minutos. Quando voltei, não vi meu irmão em lugar algum, e fiquei surpreso: achei que, por esta altura, ele já tivesse conseguido escalar o buraco. Cheguei na borda, chutei alguns gravetos lá no fundo e ele gritou. Foi quando achei melhor resgatar meu irmão, antes que algum vizinho ouvisse a gritaria e fosse checar.

Quando ele saiu, estava muito zangado, tendo esquecido que eu o havia resgatado. "Você me colocou num buraco!", ele gritou. Seu rosto estava quase roxo, e ele mexia os braços, gritava e saltava.

"Claro que pus você num buraco, Verme. É pra isso que você veio, pra testar buracos."

Meu irmão me olhou perplexo por um minuto, pensando na óbvia verdade daquilo que eu acabara de dizer. "Os vermes vivem em buracos, e nunca teriam ficado presos como você ficou. Acho que você é um verme retardado." Isso foi demais para ele. "Eu não sou um verme retardado!" E começou a me socar com seus pequenos punhos. Tentei empurrá-lo de volta no buraco, mas meu irmão escapou e começou a atirar paus e pedras em mim. Eu corri para casa e tranquei as portas, só deixando Verme entrar depois que já estava mais calmo.

No dia seguinte, cobri meus buracos com papel marrom e joguei um pouco de terra por cima, para disfarçar. Verificava os buracos diariamente, para ver se tinha conseguido capturar alguma criatura, mas nada. O verão passou, veio o outono e, com ele, a grande festa do Halloween. Foi quando tive uma idéia: colocar rojões escondidos nos buracos e detoná-los de meu quarto. Esta seria minha forma de participar das brincadeiras de travessuras ou gostosuras, fazendo de nossa casa um verdadeiro campo de batalhas, com explosões e zunidos.

Nós estávamos prontos quando o grande dia chegou.

Verme ficava na porta, atraindo as crianças com o seu sorriso inocente. Ele gostou de ser a isca. Para chegar até a porta, elas deviam passar pelos buracos carregados de fogos, com fios seguindo até meu quarto, de onde podia assistir a todo o movimento. Quando chegavam mais perto, eu puxava um dos fios, depois outro, e logo a entrada de casa se transformava num inferno de clarões e explosões, com labaredas subindo em direção ao céu e terra caindo para todo o lado. As crianças gritavam e se dispersavam. Esse ano foi o que mais economizamos em doces, porque poucas crianças ousaram tocar a campainha de casa uma segunda vez. Meu irmão e eu comemos todos os doces no dia seguinte.

Com catorze anos, o conselheiro educacional da escola me disse, "John, suas brincadeiras estão se tornando maldosas e doentias, indicando profundos problemas emocionais." Havia um fundo de verdade nesse comentário, porque a tristeza sobre o tratamento que eu tinha recebido por parte das outras crianças, quando eu era menor, havia se transformado em raiva. Se eu não tivesse encontrado a música e a eletrônica, poderia muito bem ter chegado a um fim lamentável. Foi nessa época que bolei uma brincadeira que superou todas as outras.

Numa noite quente de verão, a calma rural terminou abruptamente. Todo mundo em casa estava dormindo, quando abri a janela de meu quarto e desci ao quintal, carregando uma faca e uma lanterna. Conhecia bem o meu caminho e estava preparado. Caminhei até a estrada, me agachando atrás dos arbustos quando as luzes de um carro se aproximavam. Meu destino ficava a mais ou menos dois quilômetros de minha casa: as linhas de força do bairro.

Abaixo da torre de alta tensão, a cem metros da estrada, cinco galões de tinta tinham sido arrumados em um pentagrama. Eu tinha varrido cuidadosamente a área, tendo retirado as folhas e o lixo, e cortado cinco pedaços de madeira das árvores ao redor para fazer as linhas do pentagrama. Os galões marcavam os pontos. No meio, havia um balde com alcatrão, com um círculo de pedras em torno dele. Eu havia preparado tudo isso naquela tarde e, agora, era o momento de colocar fogo. Com todas as latas queimando ao mesmo tempo, uma espessa fumaça venenosa subiu em uma nuvem que bloqueou as estrelas acima.

Eu esperava que as tintas a óleo queimassem em cores diferentes, mas elas queimavam com as mesmas e maçantes chamas amarelas. Eu havia roubado as latas de tinta de uma construção no caminho e não tinha tido tempo para testar como pegavam fogo. Naquele momento, desejei ter um pouco de gasolina, ou de querosene, para animar as coisas. Mas era tarde demais para isso. As latas de tinta e o balde de alcatrão deveriam dar conta de tudo sozinhos.

Era uma noite sem lua e a fumaça preta deixou tudo ainda mais escuro. Mas, logo, o fogo estaria mais alto e eu saberia que meus convidados poderiam vê-lo – claro, eles ainda não tinham chegado.

Eu tinha criado toda a cena no escuro. Havia sido um trabalho árduo, especialmente a parte de escalar a torre. Foi assustador, estar lá no alto com setenta e cinco mil volts passando a apenas alguns metros acima de minha cabeça. Qualquer movimento errado poderia ser fatal. Ajustar as cordas foi a parte mais difícil, puxar aquilo sendo apenas um garoto de 14 anos não era nada fácil, mas tinha conseguido e, o melhor, ninguém me vira.

Às onze, não havia mais tráfego nenhum, não tinha visto um carro sequer na última hora. Eu estava pronto.

O fogo estava intenso e qualquer um que se aproximasse poderia ver o que eu tinha feito. Cerca de dez metros acima do pentagrama, um corpo estava pendurado. Estava vestido com roupas velhas, e a corda em torno de seu pescoço estava amarrada à torre. Os pés estavam ficando pretos por causa da fumaça e a fuligem logo cobriria o corpo todo.

Eu estava satisfeito com meu trabalho. Havia ajustado a altura do corpo com precisão: ele estava alto demais para ser retirado facilmente do chão, e baixo o suficiente para ser visto à luz do fogo.

Era hora de chamar as autoridades.

Desci a estrada. Estava totalmente escuro. Não havia casas nessa região e nem luz na rua. As únicas almas por perto eram dos mortos no cemitério ao lado do riacho. Escalei o poste de telefone mais próximo e grampeei as linhas com o aparelho que havia furtado de um caminhão da companhia telefônica alguns meses antes, junto com alguns outros equipamentos.

Grampeei o circuito do Sr. Ellis, um dos vizinhos que menos gostava. Logo obtive o tom de discar. Estava seguro por dois cintos que tinha roubado de meu pai. Chamei o número da polícia estadual, que tinha memorizado.

"Polícia. Esta ligação está sendo gravada", o policial disse.

"Eu gostaria de relatar um enforcamento", respondi, em voz baixa, mas firme.

"O quê?" Isso chamara a atenção dele.

"Parece alguma coisa ritual, nas torres de energia na estrada. Venham rápido."

Desconectei o telefone, desci do poste e me escondi na mata. *Se eles rastrearem a chamada, aquele idiota do Ellis receberá uma visitinha nesta noite,* pensei comigo. Ele tinha um filho, um merdinha cheio de ranho. *Quem sabe eles acordem o moleque e perguntem a ele sobre isto. Pode ser até que o levem em cana,* sorri com escárnio.

Dei uma volta pelo riacho, caso a polícia aparecesse com cachorros. Eu me sentia confortável na floresta à noite, minha visão noturna era muito boa e minha audição, excelente. Subi num pinheiro, de onde eu poderia ter uma visão panorâmica da cena e, ao mesmo tempo, estaria invisível para eles, mesmo que acendessem as lanternas. E estaria alto o suficiente para não ser visto de baixo, caso alguém procurasse por ali. Esperei no escuro.

Eu costumava ter medo do escuro, mas agora não tinha mais. Também tinha medo dos cães latindo. Eu costumava dizer a mim mesmo, "Oi, cãozinho lindo, por favor, não me morda e eu vou embora", mas naquela noite eu seria capaz de olhar para eles e pensar, *Eu sou seu pior pesadelo, se você se aproximar vou empalar você com meu pau.* Quanto mais firmemente eu pensava nisso, mais tinha certeza de que os cães acreditariam.

Agora, eu tinha virado a mesa. Agora, até os cães tinham medo de mim.

Quinze minutos. Talvez os policiais estivessem longe. Talvez estivessem dormindo. Finalmente, eu vi faróis se aproximando. Eles haviam chegado. A espera foi longa.

O carro da polícia parou na estrada. A porta abriu e fechou. Havia apenas um policial no carro. Eu sabia que o fogo iria chamar sua atenção, assim como uma mariposa é atraída pela luz. Não havia mais nada para ele ver, meu fogo era a única coisa que brilhava por ali. Aquela luz trêmula iluminou o policial enquanto se aproximava da torre. Ele trazia uma lanterna em suas mãos. Ele a levantou um pouco, até o corpo que balançava lentamente acima das chamas. O policial estacou.

"Puta merda!", ouvi-o gritar.

Olhou ao redor, girando sua lanterna para os lados sucessivamente, à procura de um atacante. Ele sacou a arma, mas não havia nada em que atirar. Nos filmes, este seria o momento em que alguma coisa grande e escura o agarraria e o levaria gritando para o pântano. Pelo olhar dele, eu estava certo de que ele tinha visto esses filmes, também. Fiquei mais quieto ainda, não querendo ser atingido por uma bala perdida. Não havia nenhum som diferente, além dos grilos e pássaros da noite – de tempos em tempos, ouviam-se ocasionais murmúrios do vento nas árvores. O policial pulava e girava a cada farfalhar dos arbustos. Não havia nenhuma luz, com exceção do fogo que ardia nas latas de tinta e os faróis do carro, na estrada. De repente, ele guardou sua arma, virou-se e correu de volta para o automóvel. Ouvi a porta abrir e fechar rapidamente.

A seguir, escutei o clique das portas sendo travadas. O policial permaneceu no seu veículo, mas não fiquei surpreso com essa atitude. Se eu fosse ele, sozinho lá fora, teria feito a mesma coisa nessa circunstância. Supõe-se que um policial deva ser corajoso, mas há limites para essa coragem, devemos concordar.

O rádio do carro começou a estalar, mas não consegui entender o que eles estavam conversando. Achei que reforços estavam sendo chamados. Dez minutos depois, outros dois carros chegaram à toda. Os policiais saíram dos carros e começaram a conversar. Todo mundo sabe que, quando estamos em maior número, nos sentimos mais seguros. Agora, eles podiam demonstrar valentia.

"Cadê ele?", e o primeiro policial guiou os demais até o local do "crime".

"Putaqueopariu!", exclamou outro.

"O que vamos fazer?"

"Suba até lá e corte a corda."

"Nada disso, não quero ser eletrocutado."

"O cara não vai sair de lá, está morto."

"Chame os bombeiros."

"E chame o pessoal da companhia de eletricidade."

Eles começaram a iluminar os arredores da torre com suas lanternas e com as armas na mão, em busca dos criminosos. Um deles voltou ao carro, talvez para chamar os bombeiros, e logo voltou com sua calibre 12, com certeza carregada. O silêncio ainda era total, e eu estava começando a me aborrecer de ficar em meu esconderijo por tanto tempo.

Eles não mexeram no meu pentagrama. Gostaria de saber o que pensavam daquilo. Seria um culto ao diabo? Um linchamento? Um elaborado suicídio? Neste momento, o corpo estava totalmente negro de fuligem, e começava a gotejar por causa do calor do alcatrão que queimava, borbulhando, no balde logo abaixo. Fiquei satisfeito em ter usado alcatrão. As gotas pingando do corpo e a fumaça preta mantinham as pessoas à distância.

Os bombeiros chegaram em poucos minutos. Primeiro, um caminhão-tanque, a seguir vários outros veículos se aglomeraram na estrada, com suas luzes vermelhas piscando.O pessoal da companhia de eletricidade chegou depois. Eu tinha levado meu amigo para o alto da torre sozinho e, agora, precisavam de vinte deles para descê-lo.

Várias luzes estavam piscando: azuis, amarelas e vermelhas. A estrada foi bloqueada. Rádios tagarelavam nos veículos. Se estivéssemos na cidade, teria uma multidão reunida por ali. Eles finalmente decidiram apagar o fogo, mas agiram como se tivesse alguma armadilha no local. Os bombeiros pareciam estar com medo de chegar perto das latas de tinta. É... Acho que a cena era incomum o suficiente para se tornar inquietante para esse pessoal do campo.

Pessoas continuavam jogando as luzes de suas lanternas na grama ao redor da torre, mas não havia nenhuma evidência a ser encontrada. Eu tinha garantido isso: usara luvas e todos os materiais tinham sido roubados; não havia comprado nada do que estava por ali, então não podiam ser rastreados até mim. E era impossível conseguirem digitais nas árvores. Eles não iriam me pegar.

Como não havia hidrantes naquela estrada, os bombeiros usaram o caminhão-tanque. Desenrolaram a mangueira de incêndio e um jato de água atingiu as latas flamejantes, espalhando tinta e alcatrão em chamas por todo o lugar. Logo, a grama em volta também estava pegando fogo e os outros bombeiros começaram a trabalhar freneticamente. Em pouco tempo, o incêndio estava dominado e, sem nenhuma iluminação, era difícil ver o estado do corpo. Um dos policiais iluminou-o com a lanterna.

"Apague essa luz, você não tem nenhum respeito, não?"

A força tinha sido desligada. Eu sabia disso porque o tênue pipocar da eletricidade passando pelos fios tinha parado. Não havia mais nenhum som, apenas os grilos. A ambulância chegou e um caminhão da companhia de eletricidade iluminou o solo na base da torre com os seus faróis. Os paramédicos se reuniram ali com uma maca. Era hora de resgatar o corpo.

"Prontos aí embaixo?"

"Pode descer."

Um homem cortou a corda e o corpo caiu. Os paramédicos moveram-se cuidadosamente para recolher os restos e, de repente, ouviu-se um grito e o clima reverente mudou.

"Caralho! É uma porra de um manequim!"

"Um manequim de loja!"

"Isso foi uma merda de um trote!"

Sorrindo, desci da árvore e caminhei rapidamente em direção de casa. No caminho, passei pelo cemitério e escondi o telefone e as roupas negras. Subi ao meu quarto e logo estava dormindo.

Eu sabia, no dia em que vi aquele manequim abandonado nos fundos da loja de roupas, que ele ainda seria útil. Foi complicado levá-lo para casa e escondê-lo mas, no fim das contas, o sacrifício valeu a pena.

No dia seguinte, voltei para buscar o manequim, só que não estava mais lá. Achei que a polícia o tinha levado. Não havia nenhum sinal da confusão da noite anterior, exceto por uma área queimada na relva junto à torre e algumas latas de tinta chamuscadas no terreno. O alcatrão tinha embebido o chão no meio das pedras, e as varetas estavam espalhadas. Eu queria poder contar a alguém sobre a minha aventura. Eu tinha poucos amigos, e não poderia contar ao meu irmão, porque ele tinha apenas seis anos e provavelmente daria com a língua nos dentes. Eu não disse nada sobre o incidente a ninguém durante muito tempo.

Alguns dias mais tarde, minha mãe me levou ao aeroporto para minha visita anual aos meus avós, na Georgia. Seria muito bom estar por lá, no caso dos tiras passarem em casa perguntando sobre o manequim.

9
Desisti do colégio

Ao mesmo tempo em que meu aniversário de dezesseis anos se aproximava, percebi que passava mais tempo nos bares, acompanhando as bandas, do que estudando. Ia mal em todas matérias e a única atividade escolar que me interessava era trabalhar com John e Fred, consertando os aparelhos eletrônicos. Isso, e ficar com Ursinho.

Meus pais não davam muita bola para mim, nem para meu irmão. Estavam mais preocupados em se agredir mutuamente e as brigas haviam se tornado cada vez mais violentas. Por muitas vezes, ouvia minha mãe dizer que meu pai tinha pirado, que pretendia matar a nós todos e que devíamos nos esconder até que os médicos tivessem conseguido controlá-lo. Nós todos saíamos de casa por um tempo, mas eu continuava sem saber quem estava dizendo a verdade.

Tendo em vista a minha experiência prévia com os surtos violentos de meu pai, tendia a acreditar nela. Mas, por outro lado, podia ser apenas paranóia de minha mãe, alimentada por sua progressiva degeneração mental. E o Dr. Finch contribuía um pouco para isso, porque seu comportamento se tornava mais e mais bizarro. Ele havia renomeado seu consultório como Instituto de Maturação e costumava passear, em dias ensolarados, levando seu guarda-chuva e rebocando uma dúzia de balões. "Estou chamando a atenção para minha causa," justificava-se.

Às vezes, quando minha mãe fazia uma pergunta difícil, ele usava uma técnica chamada "Mergulhando na Bíblia" para conseguir uma resposta. Dr. Finch dizia, "Margaret, abra a Bíblia e coloque o dedo em uma passagem aleatória." Ela fazia isso, ele lia a passagem e, depois, discutíamos o que fazer sobre a pergunta e a "resposta". Não pretendo desvalorizar a Bíblia, mas, francamente, ela não me vinha à mente como o primeiro lugar a se procurar respostas a perguntas do tipo: "Devemos sair de casa e ficar em Gloucester por um tempo?" *Eu quero um profissional que me diga o que fazer* – pensava. *Posso ler a Bíblia alguma outra hora.*

Entretanto, era difícil me opor a estas técnicas duvidosas, porque ele e sua família sempre foram muito bons para mim, e também porque o Dr. Finch fez com que eu me sentisse melhor.

Certa ocasião, após alguns dias de "férias", voltamos para casa. Enquanto estávamos fora, a polícia havia detido meu pai e o levado para observação no hospital. Quando o soltaram, mais ou menos uma semana depois, ele parecia mais calmo e menos violento. Eu o observava com cuidado, especialmente por causa dos acontecimentos anteriores, mas sempre achei que a probabilidade de nos matar fosse muito baixa. Quando bebia, meu pai ficava agressivo, mas eu duvidava que fosse nos atacar quando estivesse sóbrio. Além disso, graças às conversas com o médico, ele deixara de me agredir, não importando o quanto tivesse vontade de fazer isso.

Dr.Finch se tornara, de certa forma, a variável menos previsível de toda a equação. Às vezes, ele parecia ser o responsável por acalmar meus pais, porém, em outras vezes, eles se incendiavam por alguma coisa que Dr. Finch tivesse dito ou feito.

Quando olho para trás, vejo que o meu pai estava profundamente deprimido. Ao mesmo tempo, minha mãe estava se tornando verdadeiramente desequilibrada. Ela costumava me falar sobre os demônios que a estavam vigiando, parando de repente para uivar como um animal selvagem. Meu irmão conseguiu descrevê-la muito bem: logo que um brilho surgisse no olhar, ela passaria a falar sem parar, fumando um cigarro atrás do outro, andando rapidamente pela casa e, com freqüência, tomaria atitudes estranhas, como comer tocos de cigarros no meio da conversa. *Será que isso é hereditário?* Eu me perguntava. *Será que eu vou ficar assim?* O medo de um colapso mental desse tipo me perseguiu até quando atingi a idade adulta.

Muitos amigos de meus pais, além de Hope, a filha do Dr. Finch, cuidaram de nós enquanto meus pais estavam sob cuidados médicos nos hospitais e casas de saúde. Eu não sei o que teria acontecido se eles não estivessem por perto, naqueles momentos. Talvez meu irmão e eu tivéssemos sido enviados para pais adotivos, ou coisa ainda pior.

Quando a ambulância chegou para levar mamãe, poucos meses depois de nossas "férias", acabei concordando com o médico de que seria o melhor para ela. Tenho uma lembrança bastante vaga de uma de minhas visitas ao hospital. Tínhamos de passar por várias portas fechadas, como em uma prisão, e minha mãe parecia um zumbi, por causa das medicações que haviam aplicado nela. Fiquei pensando, depois de ver seu estado, se algum dia minha mãe conseguiria sair de lá.

Foi um momento muito difícil para Verme e eu, porque não sabíamos em quem acreditar. Cada pessoa nos contava uma história diferente. "Sua mãe ficou temporariamente maluca", meu pai nos disse um dia. "Isso é comum na família dela". Ele contava isso numa voz perfeitamente calma e controlada. O mais curioso, depois que ela se foi, é que meu pai não bebeu mais. *Por que ele não podia ficar assim o tempo todo?*, pensei.

Uma das coisas mais difíceis de se viver com meus pais é que eles mudavam de comportamento num piscar de olhos, fora o aspecto contraditório. Por exemplo, havia períodos em que meu pai ficava o dia todo na cama, murmurando coisas como "Os morcegos estão voando em cima de mim," e minha mãe dizia, "Ele está fingindo!" Será que ele estava, mesmo? No dia seguinte, tudo voltava ao normal, como se nada daquilo tivesse acontecido.

Para o meu avô Jack, as coisas eram muito simples. "A família de sua mãe é complicada. Todos eles são malucos, basta dar uma espiada e você verá!". Eu espiava, mas eles me pareciam perfeitamente normais. Por outro lado, Hope afirmava, "Seus pais são boa gente, estão apenas passando por dificuldades", tentando nos acalmar. Mas não era ela que tinha os pais trancados em celas nos hospitais.

Eu tentava cuidar de meu irmão, mas era muito difícil para mim.

Com todo esse caos, tornara-se impossível voltar a ser um bom aluno novamente, ou mesmo passar de ano. Eu estava com vários problemas familiares e tinha muitos defeitos. Além da dificuldade de olhar as pessoas nos olhos, eu apresentava outro problema, também. Subitamente, passava um tempo balançando e me mexendo, e o estresse só piorava as coisas.

"Por que você está balançando a cabeça assim?" Eu costumava ouvir essa frase dos professores e de outros adultos, quando criança. Hoje, ouço uma variação dela:

"Pai, pare de dar uma de autista!"

Meu filho adolescente me repreende quando balanço a cadeira para frente e para trás, no restaurante.

Esses comentários – que são mais reclamações do que simples comentários, na verdade – referem-se à minha tendência de me movimentar de acordo com um certo padrão, sem o perceber. Posso estar deitado no sofá, mexendo os pés para frente e para trás. Lendo o menu e balançando calmamente, de um lado para o outro. Ou movendo a cabeça para cima e para baixo. Seja lá o que for que eu esteja fazendo, são movimentos perfeitamente normais para mim, mas parece que as pessoas "normais" não agem assim. Eu não sei qual a causa que me faz seguir esse padrão, nem ao menos percebo o que está havendo. Apenas acontece, simples assim.

Aí, alguém diz, "Pare de balançar!" e, então, eu paro.

"Qual é o problema com você? Não faz nem cinco minutos que pedi pra parar, e você começou de novo? O que é, quer me deixar maluco?" Esse tipo de reação apenas reforçava minha certeza de que a escola não era o melhor lugar para mim.

Junto com esses movimentos regulares, eu também era criticado ou ridicularizado por demonstrar expressões pouco apropriadas. Esses ataques pareciam vir do nada, e me deixavam com vontade de fugir dali e me esconder.

"O que está olhando?"

"Tire essa expressão idiota da cara! Agora mesmo!"

"Você é estranho! Parece aquelas criaturas dos frascos do laboratório!"

Minha professora de inglês, Sra. Crowley, costumava me afrontar com bastante regularidade. "O que *você* está olhando?", perguntava sempre. Não era uma simples pergunta, na verdade soava mais como uma ordem. "Pare de me olhar!" Então, um dia, respondi a essa grossura com delicadeza e suavidade. "Sra. Crowley", falei com minha voz mais doce, "estava apenas imaginando a senhora acorrentada numa cadeira num buraco bem fundo, com uma lâmina de aço balançando sobre sua cabeça. E ratos, muitos ratos, subindo pelas suas pernas e se emaranhando em seus cabelos." Aí, sorri mostrando os dentes, do mesmo modo que os cães fazem quando estão prontos a lhe dar uma mordida. Depois disso, fui levado ao diretor e ao psiquiatra da escola, mas valeu a pena. A professora nunca mais falou comigo daquele jeito.

Não me lembro se alguma vez alguém tentou descobrir porque eu os ficava encarando. Eu teria sido capaz de lhes dizer, se tivessem perguntado. Às vezes, eu estava pensando em outras coisas e apenas olhava naquela direção, distraidamente. Outras vezes, estava mesmo observando-os atentamente, tentando interpretar seu comportamento.

Meus pais fizeram um último esforço para manter-me na escola e me matricularam num grupo de crianças com problemas. Nos encontrávamos uma vez por semana numa casa mantida pela universidade, e falávamos sobre o que nos perturbava. O grupo era composto por seis crianças e um facilitador, graduado em psicologia. Durante esse período, não aprendi a me relacionar com outras pessoas, mas descobri que havia muitos iguais a mim e isso foi encorajador, porque eu não estava no fundo do poço. Ou, se estivesse, pelo menos não estaria lá sozinho...

Nos primeiros dezesseis anos da minha vida, meus pais me levaram a, pelo menos, uma dezena dos chamados profissionais de saúde mental. Nem um deles nunca chegou perto de descobrir o que estava errado comigo. Em sua defesa, é preciso dizer que a Síndrome de Asperger ainda não era diagnosticada, mas o Autismo sim, e ninguém nunca mencionou que eu poderia estar sofrendo de alguma desordem relacionada ao Autismo. Autismo era visto por muitos como uma condição muito mais extrema – aquela em que as crianças não falavam e não podiam cuidar de si mesmas. Ao invés de fazer uma investigação mais profunda, era mais fácil e menos controverso para esses profissionais dizer que eu era apenas preguiçoso, hostil ou desconfiado.

E não seria um grupo de discussão que ajudaria a sanar meus problemas na escola. Assim, quando o último boletim do semestre trouxe apenas notas vermelhas, percebi que não dava mais para continuar. Não havia mais nada a me segurar por ali, a não ser a vaga idéia de que seria melhor ter um diploma do que abandonar tudo. O único problema é que, pela lei, eu só poderia abandonar a escola com dezesseis anos.

Mas eles tinham tanta vontade de se livrar de mim que vieram com uma proposta. "Se você fizer um teste e acertar pelo menos 75% das questões, você poderá sair." Fiz o teste e acertei 96 %. Então, o diploma me foi oferecido, por uma "taxa simbólica".

"Apenas vinte dólares", o escriturário disse com um sorriso. Eu sorri de volta. "Não, obrigado, não preciso do diploma." E fui embora, sem olhar para trás. Meus pais nem perceberam o que acontecera.

Era hora de decidir o que fazer da vida, e fui até o bosque para pensar. Sempre gostei da vida no campo e, como não estava mais na escola, eu tinha todo o tempo do mundo. Era primavera, e passei várias horas sozinho, pensando o quê eu deveria fazer em seguida.

Um dia, estava andando por uma clareira, bem longe de casa, quando uma voz ribombou do nada. "Pare aí!"

Abaixei-me rapidamente sob alguns arbustos. Não deveria ter viva alma nessa região, mas havia alguém. A alguns metros, um cara cabeludo, vestindo uniforme camuflado do exército, estava fazendo café.

Mas que porra é essa? Parei.

O cara estava acampado no meio de outra pequena clareira. Havia uma barraca verde atrás dele. Não vi armas e não parecia ter mais ninguém por perto.

"Você é apenas um garoto. O que está fazendo aqui?"

Eu não via a mim mesmo como "apenas um garoto", mas ele era mais velho e mais forte, então fiquei quieto. Cheguei a pensar em fugir, mas o sujeito não parecia ser uma ameaça, então decidi ficar.

"Eu moro aqui", eu disse. "A cerca de três quilômetros. O que *você* está fazendo por aqui?"

"Eu vivo aqui, também", respondeu. "Exatamente aqui".

"Na floresta?" Nunca imaginei que um adulto pudesse morar em barracas.

"Pois é, já vivi em lugares piores", disse ele. "Sente-se." Quando me acomodei, ele começou a falar.

Paul era um veterano do Vietnã, com deficiência física. Ele havia sido baleado, e uma perna deixara de funcionar direito. Após sair do serviço militar, ele viajou de carona por todo o país, vivendo do que a natureza oferecia. Fiquei fascinado.

"Quer uma bebida?", perguntou. Eu não sabia exatamente o que ele estava oferecendo, mas aceitei. Ele abriu uma pequena garrafa de vidro, cheia com o que pareceu água com gás. Tomei um gole e teria cuspido longe, se não estivesse em um de meus melhores dias.

"O que é isso?" Eu sabia que uísque era desagradável para engolir, mas que bebê-lo era um sinal de estar crescendo. Talvez devesse agir do mesmo modo com esta bebida.

"Água tônica de quinino!" Ele disse alegremente, como se todo mundo soubesse o que era. Neste ponto de minha vida, eu tinha ouvido falar de todos os tipos de bebidas. Vodka. Uísque. Rum. Tequila. Bourbon. Nenhuma delas lembrava "água tônica de quinino."

"Passei a gostar dessa bebida no Vietnã. O quinino previne contra a malária."

Não sabia de ninguém que tivesse contraído malária na Nova Inglaterra. *Talvez seja uma dessas doenças raras, como a meningite,* pensei. *Portanto, isso aqui é como se fosse água medicinal.* Tomei outro gole e me lembrei de ter lido sobre o combate à malária, quando estavam construindo o Canal do Panamá. Olhei em volta, comparando nossa mata com as florestas tropicais da América Central.

Paul estava vivendo longe das estradas, com nada mais do que uma barraca do exército e uma mochila.

"Por que você não faz um abrigo?" eu perguntei.

"Eu não quero me estabelecer", respondeu. "Eu preciso estar pronto para ir embora de um momento para o outro."

Sempre achei que pudesse me virar na floresta, mas Paul me mostrou o quanto eu ainda precisava aprender. Ele fazia ensopados de coelho e assava trutas no café da manhã. Se precisasse, iria até a cidade mais próxima em busca de vegetais frescos ou outros alimentos que achasse no lixo doméstico ou de restaurantes.

Graças a Paul, aprendi a andar silenciosamente através das florestas, sem emitir um som ou deixar um rastro. E aprendi também a olhar por onde andasse.

"Cuidado com o fio!"

Fio? Paul tinha cercado seu acampamento com fios metálicos para prevenir que alguém chegasse por ali e o surpreendesse. Eles eram praticamente invisíveis.

"Se isso estivesse ligado a uma mina, você poderia estar morto agora!"

Nunca me ocorrera percorrer a floresta tomando cuidado com arames, fios e minas terrestres. Trinta anos depois, no entanto, ainda me lembro do que ele me ensinou, e eu sempre olho onde piso.

Ele também me falou sobre seu período no exército. Eu esperava que um veterano de guerra me contasse sobre combates em lugares longínquos, mas não foi isso o que eu ouvi. Paul explicou como é ser emboscado por tigres na selva e como carregavam fardos de drogas e contrabando a bordo dos DC-3. Detalhou as armadilhas que fazia para os inimigos e como eles eram empalados com longas varas. Suas histórias não tinham semelhança com minhas noções anteriores de guerra, que foram formadas assistindo Vic Morrow na série *Combat,* que passava na TV.

Paul ficou acampado por ali todo o verão. Eu ia visitá-lo quase sempre, e fiquei por lá vários dias em muitas ocasiões. Era um local agradável para passar o tempo. Não havia problemas familiares, nem pressão para arrumar um emprego, e ninguém para me dar trabalho.

Era agradável viver na floresta com o meu amigo Paul, mas nunca quis ser um eremita. Preferia estar rodeado por pessoas, mesmo que fosse difícil interagir com elas. Eu sabia que precisava descobrir uma habilidade única que as fizessem me procurar, dessa forma eu não teria de iniciar qualquer interação, só responder a ela – o que era mais fácil para mim. Felizmente, eu estava desenvolvendo meu talento para melhorar e inovar equipamentos musicais, transformando-os em equipamentos especiais, de uma forma que poucos podiam fazer. E, cada vez mais, os músicos começavam a me procurar.

Quando as noites ficaram mais frias, Paul começou a falar em ir para o Sul, até a Flórida. Numa certa manhã, fui vê-lo e Paul havia ido embora. Não havia mais nenhum traço dele. O acampamento tinha sido varrido. Ninguém seria capaz de dizer que uma pessoa havia morado por lá durante dois meses. Não havia nenhum lixo, nenhuma evidência de qualquer tipo.

Eu nunca soube para onde ele foi, e nunca contei a ninguém sobre ele ou sobre o que me ensinou. Anos mais tarde, eu vi uma notícia sobre Paul depondo em uma audiência contra a guerra e descobri que ele era um herói de guerra, um Boina Verde altamente condecorado.

Era hora de sair da floresta e participar da sociedade.

10

Recolhendo o lixo

Por um longo tempo, eu vinha imaginando um jeito de fugir da casa de meus pais. Quando eu estava com quinze anos, meu pai comprou uma moto para ir à universidade. Como ele nunca me deixaria guiá-la, decidi comprar uma para mim. Passei a procurar nos classificados de jornais e a perguntar por todo lado, em busca de uma moto barata e, finalmente, a encontrei, uma Honda Dream 1966. Assim que a fizesse funcionar direito, seria capaz de fugir de casa, pelo menos temporariamente. Foi com essa idéia em mente que acompanhei meus pais na festa de aniversário de Walter Henderson. Meus pais se comportavam bem em público, então eles não ficariam no meu pé. E o local da festa era na cidade, um lugar mais fácil de escapar se as coisas ficassem esquisitas.

Escrava e Estúpido raramente saíam juntos, mas como gostavam de Walter, decidiram comparecer à festa. E eu gostava dele, também – ao menos, gostava daquilo que conhecia sobre ele. Walter dava aulas de inglês e estava sempre usando um casaco de veludo cotelê marrom. Era um sujeito agradável de se conversar e parecia moderadamente interessado em mim. Outra coisa: por alguma razão, meus pais realmente queriam que eu fosse à festa com eles.

Eu nunca tinha ido a uma das festas do corpo docente antes, normalmente organizadas pelos amigos de meus pais. Alguns deles eram legais, mas outros pareciam arrogantes e vaidosos, o que me deixava irritado. Eu sabia que eu era um desajustado mas, com o tempo, ficava cada vez mais evidente que alguns daqueles adultos metidos, que sorriam para mim e diziam o quanto sentiam por eu ser um fodido, eram mais fodidos do que eu.

Escrava disse, "John, Walter e Annette esperam que você compareça à festa, eles realmente gostam de você." *Pode mesmo ser verdade que eles gostem de mim*, pensei. *Ou talvez eles achem que será divertido porque sou esquisito*. Sim, isso era mais provável. Eles achavam que eu era esquisito.

Estúpido disse, "A decisão é sua, mas eles convidaram você. Se começar a ignorar convites como este, eles vão parar de chegar!"

Como se algum dia eu tivesse sido convidado para festas!

Acabei indo, mas com minha moto. Havia uma multidão no quintal de Walter, que tinha montado uma tenda com mesas abarrotadas de comida e contratado alguma coisa parecida com uma banda. O pessoal estava mais bem vestido do que eu. *Eles devem ser bem educados, têm famílias respeitáveis e um bom emprego*, pensei. *Mas estou limpo, tomo banho todos os dias, ficarei bem.*

Walter mandou imprimir cartões para a ocasião. Ele deu-me um quando chegamos, onde estava escrito:

Walter Henderson, 40
Palestrante, 40 diferentes tópicos
Viajante, 40 diferentes países
Chef, 40 diferentes pratos
Amante, 40 diferentes mulheres

Eu ia gostar dessa festa, já podia sentir.

Não sabia direito o que fazer, então fiquei ali de pé. Quando Anette me viu, levou-me até um de seus amigos, com a melhor das intenções, eu acho. Depois de uma rápida apresentação, ela foi cuidar de outras coisas e me deixou com George, um professor pomposo que tentou entabular uma conversa comigo.

"Temos um filho com a sua idade, que deve começar em Harvard daqui a alguns meses", disse ele. Logo, um casal se aproximou e a mulher falou: "Nossa Janet decidiu estudar na universidade local, então ficará conosco por pelo menos mais quatro anos. E você, o que está fazendo?"

Os três olharam para mim.

Eu não estava fazendo nada e com certeza não iria para Harvard. Na verdade, eu estava na improvável situação de ter acertado 99% dos pontos em testes de inteligência e, ainda assim, ter sido jubilado no colégio. E tinha certeza de que esse pessoal zombaria de minha crescente reputação junto às bandas que tocavam nas boates locais, por isso achei melhor não tocar nesse assunto.

"Na verdade, comecei a trabalhar."

"Sério? E o que você está fazendo?" Essa pergunta veio de Thurston, outro pomposo professor, chefe de departamento. Ele ficou lá sorrindo, com um copo na mão. Talvez estivesse pensando em fazer uma visita a Thugwald, ou sei lá qual o nome do filho, que estudava em Yale.

"Comecei no negócio de gestão de resíduos, lá em Springfield. Eles me colocaram na posição mais inferior para que eu possa realmente aprender o negócio. Trabalho em um caminhão."

"Quer dizer que você é um lixeiro?" alguém perguntou, educadamente, mas com incredulidade. Os lixeiros geralmente não são convidados para esse tipo de festa, eles só aparecem no final, para recolher o lixo. Sorri em resposta.

"Nós não nos denominamos de lixeiros e sim, de Engenheiros Sanitários."

A esta altura, um colega mais velho decidiu participar da conversa. Eu não o conhecia mas, com seu paletó de tweed e gravata borboleta, certamente não podia ser um Engenheiro Sanitário.

"Eu sou engenheiro. Fui para a faculdade durante oito anos para obter esse privilégio. Não me parece que um mero coletor de lixo tenha as credenciais para se autodenominar um engenheiro."

Achei melhor mudar de assunto.

"Gente, nós vemos todos os tipos de coisas, sabiam? Na semana passada mesmo, um dos meus colegas encontrou um bebê morto, no lixo atrás de um dos dormitórios da faculdade." Eles ouviram em silêncio.

"Soubemos depois que a mãe era uma estudante de lá. Ninguém entendeu por que ela se livrou do bebê. Seu pai é o presidente de uma grande empresa, mas, mesmo assim, ela foi para a cadeia."

Havia agora seis pessoas ao redor. Eu tinha lhes dado uma coisa para pensar. Será que os seus filhos faziam algo parecido? Uma das mães forçou um sorriso e disse: "Deve ser duro trabalhar lá fora, com todos os tipos de clima, chuva, vento, neve..."

"Esse não é o problema, na verdade. O que a gente precisa se preocupar mesmo é com as matilhas de cães hidrófobos e as crianças selvagens."

"Crianças selvagens?" Isso os surpreendeu de verdade.

"Nós as encontramos principalmente na periferia da cidade. Duas delas atingiram um de nossos funcionários na cabeça, com uma garrafa de cerveja cheia de cascalho. Quase o mataram. Essas crianças ficam piores quando estão em bando, e às vezes levam facas."

Meu público olhou chocado.

"Vocês não conseguem uma escolta policial?" Um deles perguntou. "Não, a polícia não se importa, até porque eles já têm os seus próprios problemas, sabe como é. Agora, estamos usando cassetetes, porque a polícia não nos deixa levar armas. Alguns dos colegas usam correntes de motocicleta penduradas no pescoço, como se fosse um colar. Um punk com uma faca não é páreo para um cara desses."

Deixei-os digerir por um momento. A partir de hoje, passariam a olhar para seus lixeiros com outros olhos. Eles pareciam horrorizados, mas não podiam evitar, aquela não era mais o tipo de festa com a qual estavam acostumados.

"O que seus pais acham da sua nova carreira?"

"Bem, eles queriam que eu fizesse medicina, mas quando eu lhes contei quanto dinheiro o meu patrão tira todo mês, eles ficaram impressionados. Ele ganha muito melhor do que qualquer médico que eu conheço. Portanto, acho que eles estão orgulhosos de mim."

"Como é que o seu patrão consegue ganhar tanto dinheiro assim?"

"Gorjetas. Recebemos gorjetas em todos os lugares."

"Eu nunca ouvi falar disso. Quem é que daria gorjeta a um coletor de lixo? Eu nunca fiz isso."

A mulher que estava falando pareceu bastante segura de si. E isso me motivou.

"Bem, se você morar na cidade grande, e não quiser que o caminhão de lixo derrame merda em todo lugar que passar, você tem que dar uma gorjeta. Um desses basculantes pode fazer um belo estrago num carro. Agora, se o motorista tiver recebido uma boa gratificação, ele tomará todo o cuidado para que isso jamais aconteça. E se você tiver um restaurante, certifique-se de dar uma bela gorjeta também, caso contrário sua lixeira pode transbordar, aí começam os problemas com ratos, e o fiscal da saúde pública poderá fechar a casa."

Inspirado pelo silêncio assustado, continuei. "Você leram sobre aquela espelunca na Boston Road? Toda a cozinha estava cheia de ratos. Uma garotinha de nove anos foi atacada pelos ratos no banheiro, eles retalharam seus dois bracinhos. Esse lugar provavelmente jamais irá reabrir. Eles não pagaram os seus Engenheiros Sanitários, e olha o que aconteceu."

"Com licença, posso falar com você um segundo?" disse Annette. Ela e minha mãe tinham me visto entretendo os seus amigos. As duas me afastaram do grupo e me conduziram à mesa com as comidas. Eu estava tendo um belo momento.

"John, o que você pretende fazer? Você não pode fazer isso com as pessoas! Eles acreditam em você!"

"Bom, vocês me convidaram." Era verdade, eles tinham feito isso, mas foi a última vez.

"Ei, Anette, me responda uma coisa: o que é mais fácil de carregar num caminhão de lixo, uma pilha de bolas de boliche ou uma pilha de bebês mortos?"

"Não sei," respondeu ela, de modo taciturno e enfezado.

"A pilha de bebês mortos, porque você pode usar um forcado!"

Minha mãe e Anette pareciam arrependidas de terem me convidado, mas não fiquei preocupado. Certamente Walter seria capaz de entender todo o sentido humorístico da coisa. Comi um camarão.

"Fiquem aqui, vou me desculpar com seus amigos."

Voltei ao grupo de fãs que havia feito.

"Perdão, amigos, mas tenho que ir. Uma emergência no trabalho. É que um caminhão da empresa concorrente lançou uma bomba em um dos nossos veículos e nós todos fomos convocados. Até mais!"

Corri para a moto, coloquei o capacete e a jaqueta de couro e saí zunindo, com meus pais e seus amigos sumindo no espelho retrovisor.

11

A banheira flamejante

Visitar meu amigo Jim Boughton era outra de minhas fugas. Tínhamos interesses semelhantes, Jim e eu. Foguetes teleguiados. Eletricidade. Explosivos. Motocicletas. Carros velozes. Jim morava a mais ou menos 8 quilômetros de distância, tinha dois anos a mais que eu e um olhar um pouco aflito. Seus pais davam aulas de teatro na faculdade, que mantinha a enorme casa vitoriana onde viviam. Casa que podíamos detonar.

"Não se preocupe", Jim dizia, olhando os detritos espalhados no exterior da casa. "O pessoal da faculdade dá um jeito nisso." A equipe de manutenção aparava o gramado, repintava o interior e consertava o que quebrávamos. Meu pai dava aulas na universidade, mas nós não tínhamos uma casa de graça, como Jim e sua família, e ninguém consertava nada. Os buracos que fiz na porta da cozinha continuavam lá, três anos depois.

"Venha ver o que eu construí", disse Jim um dia. Ele vinha trabalhando febrilmente num projeto secreto e tudo indicava que o tinha terminado. Quando cheguei, ele levou-me para o barracão, que se situava a cerca de vinte metros atrás da casa de seus pais. No meio do barracão assentava-se um barril de concreto cuja boca estava meio queimada, e tinha uma estrutura de aço pendendo logo acima, da qual descia uma corrente. Uma mangueira ligava o barril a um enorme tanque prateado de gás propano.

"Esse é o meu novo forno", disse com orgulho.

Outro cara de dezoito anos de idade teria mostrado seu novo carro, ou a nova guitarra, ou a sua nova câmera. Jim mostrou seu novo alto-forno. Ele havia feito os alicates e pinças e demais equipamentos para lidar com metal derretido. Por incrível que pareça, quase tudo fora construído a partir de sucata.

"Você agora tem sua própria siderúrgica", eu disse.

"Não, não é para isso que serve. Você precisa injetar oxigênio para obter as altas temperaturas necessárias para o aço. Esta é uma fundição de alumínio e bronze."

"Quer vê-lo funcionar?", perguntou e, sem esperar a minha resposta, ele virou um comutador e logo ouvi o som de um ventilador vibrando. "Instalei dois ventiladores de alta capacidade, retirados de aspiradores de pó, para forçar o ar na fornalha. Não é tão bom como injeção de oxigênio, mas é grátis."

"Agora, basta jogar o gás propano e tacar fogo!" Jim abriu uma válvula ao lado da máquina e o cheiro de gás encheu o ar. Ele sorriu, pôs fogo numa bola de papel e jogou no barril.

"Fogo!"

Uma enorme explosão me deixou tonto por um instante. Um brilho intenso levou o cheiro de gás embora. Se o galpão tivesse janelas com vidros, teriam se espatifado. O ruído agora parecia o de um motor a jato. Olhei no barril e as chamas rodavam em um torvelinho.

"Vamos acionar o forno", disse ele, como se já não estivesse acionado. Jim virou um grande reostato e jogou mais propano na mistura.

"Temos de manter a mistura direito", disse. "Uma chama amarela significa monóxido de carbono. Queremos uma chama azul, quase incolor." O barulho foi aumentando até o ponto do insuportável. O calor também era insano.

"Vamos derreter alguns metais, venha ajudar". Atiramos algumas peças de alumínio num balde, que eu rapidamente descobri não ser um balde quando Jim me corrigiu. "É um cadinho de carboneto de silício. Pode levar quarenta quilos de alumínio ou cento e vinte quilos de bronze. Derretidos, claro." Os pedaços de alumínio, antigas transmissões de automóvel, estavam prestes a se liquefazer. Vestindo pesadas luvas, Jim prendeu o cadinho nas correntes e, com um gancho comprido, moveu-o até dentro do forno. Após alguns segundos, o pedaço da corrente que caiu para dentro do barril estava vermelho brilhante, assim como o topo do forno. Os ventiladores continuavam zunindo, empurrando ar na fornalha.

Abri as portas para ventilar um pouco o interior do barracão, mas Jim pediu-me me para fechá-las."Os vizinhos reclamam do barulho e podem chamar a polícia".

Jim me deu algumas pinças e alicates e eu o ajudei a puxar o cadinho para fora do forno. Cuidadosamente, despejamos o conteúdo numa caixa cinza que estava no chão. O metal derretido penetrou naquela caixa, que era o molde daquilo que Jim queria fazer em alumínio.

"Em cinco minutos podemos quebrar o molde, porque o metal já terá endurecido."

Enquanto esfriava, desligamos o forno, os ventiladores silenciaram e o barulho desapareceu. Agora, podíamos abrir as portas.

Quebramos a estrutura e surgiu um par de braços humanos, perfeitamente moldados em alumínio acinzentado. Jim havia feito os moldes a partir dos braços de seu irmão menor, que serviram de amostra. Era possível ver até os detalhes, como as unhas e as digitais. Um trabalho de mestre.

Meses mais tarde, Jim estava trabalhando na enorme garagem da casa, que ele havia transformado em sua oficina particular de conserto de carros. Uma banheira de pedra-sabão servia como um tanque para limpar as peças. Ele havia enchido a banheira com gasolina, que é altamente inflamável, mas muito eficiente para tirar a ferrugem de peças antigas.

Eu estava ajudando Jim a reconstruir o motor do VW de um de seus amigos. O motor e mais algumas peças estavam dentro da banheira, enquanto conversávamos e bebíamos cerveja. Jim havia instalado uma bomba na banheira para mexer a gasolina, que desta forma limparia as peças com mais eficácia por estar em movimento. Mas a bomba não podia ficar ligada o tempo todo, senão o vapor exalado pela gasolina poderia intoxicar a todos que estivessem por perto. Por isso, esse processo de limpeza era muito lento. Já passava das onze horas da noite e menos da metade das peças estava limpa. Decidimos acelerar o processo e limpar mais algumas peças.

Jim foi até a parede plugar a bomba e religá-la, quando a tomada fez um ruído seco e uma faísca pulou através da garagem. Num instante, a banheira estava em chamas e, pela fumaça que tomou conta do lugar, parecia que toda a garagem estava pegando fogo.

"Caralho!"

"Fogo!"

"Vamos sair daqui!"

Rapidamente, todos nós saímos correndo pela porta. Todos, menos Jim. Olhamos para trás e ele ainda estava dentro da garagem, com o braço em chamas. Vimos quando ele retirou sua luva e bateu nas chamas do braço até apagarem. Em apenas alguns segundos, as labaredas da banheira estavam alcançando o teto da garagem. Com um forte solavanco, Jim empurrou a banheira para fora, em direção à entrada de carros. A banheira rolou no piso cimentado por alguns instantes e parou, cerca de 5 metros depois.

No final das contas, Jim não estava tão queimado. Ele sorria orgulhoso por ter salvado a casa; retirou as luvas, olhou os braços e disse:

"Poucos danos."

No calor do incêndio, ele tinha tido bastante calma para colocar as luvas protetoras e empurrar a banheira para um local mais seguro. "Ainda bem que a banheira tinha rodinhas."

Carol, a namorada de John, o dono do motor, saiu pela porta da casa e falou: "Já chamei os bombeiros!" Eu não tinha visto ela entrar, mas também, com uma porção de outras coisas acontecendo, eu nem prestei atenção na garota. Jim não ficou muito feliz em ouvir isso, "Não precisava chamar ninguém." ele esbravejou. A esta altura, as línguas de fogo se elevavam da banheira a uma altura de quase dez metros, mas não ameaçavam mais ninguém. A gasolina queimaria sozinha em uma ou duas horas e não precisávamos do envolvimento das autoridades, coisa que nenhum de nós gostava.

Pegamos duas mangueiras do jardim e jogamos água no chão ao lado da banheira, esfriando a área até que a gasolina acabasse de queimar. O calor era muito forte e a pintura da parede mais próxima começou a fazer bolhas.

"Eu devia ter empurrado com mais força", lamentou Jim. Mas agora não era mais possível nos aproximarmos, estava quente demais.

Neste momento, os pais de Jim apareceram, a mãe fumando um cigarro e o pai, com uma bebida na mão. Eles estavam lendo do outro lado da casa e pareciam calmos. Os dois olharam para nós, para o fogo, depois se olharam entre si e, sem emitir uma palavra sequer, voltaram para dentro.

Logo em seguida, os bombeiros chegaram e quatro deles subiram a entrada de carros, desenrolando a mangueira de incêndio. Jim tentou detê-los e avisou que era melhor usarem espuma ao invés de água, porque a banheira continha gasolina e magnésio.

"Nós sabemos o que estamos fazendo, filho. Melhor sair do caminho."

"Mas eu já disse: água é perigosa quando se tem magnésio pegando fogo, usem espuma!"

"Saia do caminho!" A voz da autoridade falou.

Dois bombeiros apontaram a mangueira e um jorro de água atingiu a banheira. Uma violenta explosão se fez ouvir – porque o magnésio reage violentamente quando submerso em água – e uma chuva de magnésio incandescente e gasolina espalhou-se por todo o lugar. Era uma cena infernal. Pedaços de magnésio queimando eram vistos comendo buracos na van estacionada na frente da casa. Outros estavam queimando sobre o telhado. Vários pareciam estar corroendo flamejantes buracos no próprio cimento da calçada. Múltiplos focos de incêndio, com o brilho inconfundível do metal derretendo, podiam ser vistos por todo lado. Os bombeiros recuaram para o caminhão para pegar a espuma, que eles transportavam, no fim das contas.

Quando viu isso, Jim, polidamente, fez questão de relembrá-los de que a culpa por tudo aquilo era deles.

"Vocês deviam ter me ouvido, seus idiotas! Olha a merda que vocês fizeram!"

Eles misturaram a espuma e – muito mais cautelosamente desta vez – atacaram os incêndios. Mesmo a espuma demorou a extinguí-los. Eles apagavam um local que, em seguida, explodia novamente um minuto mais tarde. A bagunça que os bombeiros tinham feito era assustadora.

Jim percebeu que a raiz do problema era a falta de conhecimento dos bombeiros. "Em uma cidade universitária como esta, vocês deviam ser treinados para combater incêndios químicos!" Eles não responderam.

Dois bombeiros foram até a banheira com ganchos, o tipo de instrumento que utilizam para quebrar portas, e a derrubaram depois de alguns golpes, talvez para permitir que seus amigos jogassem spray de espuma dentro. "Seus loucos, ainda está cheia de gasolina!"

Agora, o quintal, que tinha escapado da destruição, estava em chamas também. Mais dois caminhões chegaram, além do chefe dos bombeiros da cidade. Uma multidão tinha se reunido e os pais de Jim haviam voltado para fora, conversando suavemente entre si. Seu pai tinha acabado a bebida e sua mãe estava desfrutando o final de seu cigarro. A calma deles era notável.

Demorou quase uma hora para apagar o incêndio. Quando tudo estava sob controle, o chefe dos bombeiros teve uma longa conversa com Jim. Houve pedidos para sua prisão, por parte de alguns dos bombeiros, mas, realmente, não havia motivos para isso. O chefe só ameaçou voltar para fazer inspeções periódicas na casa.

TEMPOS DEPOIS, aquela noite se pareceu com a calmaria que vem antes da tempestade, porque a minha família e a minha vida se esfacelaram. Ursinho avisou que nunca mais queria me ver de novo, e que também nunca me diria o motivo. Senti-me destruído, porque ela não atendia ao telefone e nem queria falar comigo. Apenas dois anos depois descobri porque ela havia me deixado.

Além disso, os meus pais finalmente se separaram. Verme permaneceu com a minha mãe, que se mudou para um apartamento na cidade. Então, alguns meses mais tarde, meu pai mudou-se para um apartamento e minha mãe e Verme retornaram para casa. O cachorro e eu ficamos morando na casa o tempo todo, com exceção dos meus períodos de incursões na floresta.

Agora que os meus pais não viviam mais juntos, minha mãe decidiu que ela era bissexual. Ela se envolveu com uma mulher de sua mesma idade durante algum tempo, mas depois se apaixonou por uma garota um ano mais nova do que eu. A idéia de que a minha mãe trocara meu pai por uma mulher já era suficientemente inquietante, mas quando seu grande amor revelou-se ainda mais jovem do que eu, as coisas ficaram realmente bizarras.

Nesse meio tempo, meu pai se debatia em seu apartamento na cidade, até que engoliu pílulas para dormir numa tentativa alcoolizada de suicídio, que o levou a um período no hospital. Ele tinha sorte em ter bons amigos e em a universidade ser tolerante. Meu pai tinha deixado de ir ao Dr.Finch, dizendo: "Ele tem idéias malucas, filho. Não sei o que vai acontecer com o médico e sua mãe. "

Apesar das boas coisas que o médico tinha conseguido para mim, eu também estava incomodado, havia algo errado por ali. Eu tinha visitado inúmeros médicos em toda a minha vida. As salas de espera viviam um fluxo constante de pacientes, eram limpas e claras, havia um aspecto, digamos, "profissional." Já com o Dr. Finch, as coisas eram diferentes. A sala de espera era escura, os móveis gastos. Nunca tinha visto caras novas, exceto os mesmos parasitas de sempre – pacientes, dizia ele. "O Dr. Finch é único", diria minha mãe.

"Ele é maluco!", diria meu avô.

Eu vinha ouvindo todo o tipo de comentários sobre o médico, por exemplo, de como ele era desequilibrado e mais algumas coisas do gênero. Eu não queria dar ouvidos, mas vê-lo usando um chapéu de Papai Noel e com uma longa barba branca, tudo isso em pleno verão, não foi nada tranqüilizador. Depois, fiquei sabendo que ele havia sido demitido do hospital estadual e me lembrei dos comentários de meu avô sobre ele, anos atrás. *Será que é verdade? O que será que ele fez?* Eu ficava me fazendo estas perguntas.

Tanto meu pai quanto eu deixamos de ver o Dr. Finch por conta desse comportamento excêntrico, mas minha mãe continuou se consultando com ele por mais seis anos, até que um dia conseguiu escapar. Ela carregou meu irmão nessa viagem louca, dopada por medicamentos que o médico prescrevia. Esse período foi descrito por meu irmão no seu livro e ocorreu anos mais tarde.

Só em 1983 minha mãe ficou livre dele e, quando isso aconteceu, todas as vagas preocupações que sempre tive sobre o Dr.Finch tornaram-se concretas. A minha mãe foi ao Conselho de Medicina dizer que o médico lhe tinha dado medicamentos e, em seguida, a atacado sexualmente em um motel. Ao mesmo tempo, os investigadores do CM descobriram que Dr.Finch tinha faturado várias consultas inexistentes contra o seguro-saúde de meu pai. Minha mãe estava muito perturbada para seguir adiante num processo contra abusos sexuais, ela só queria acabar com aquilo.

Então, o CM abriu um processo por apropriação indébita contra o médico, por conta do faturamento fictício. Isso permitiu que obtivessem uma ordem de restrição contra o doutor, protegendo minha mãe como testemunha do processo. Sabendo de tudo isso, não fiquei surpreso quando o médico teve sua licença revogada em 1986.

A esta altura, eu estava muito longe. A música levou-me daquela loucura para um lugar muito melhor. Eu estava construindo uma reputação entre os músicos locais, e eles me acolhiam de braços abertos. Nas noites de sexta, eu saía do hospício em que minha casa se transformara para o clube noturno da cidade. Agora que eu era um deles, não precisava mais me preocupar em sair de casa às escondidas, até havia deixado crescer a barba, para parecer mais velho. O segurança me cumprimentava, quando me levava para dentro da boate.

Quando eu entrava no salão e a banda começava a tocar, as luzes diminuíam e eu sentia como se meus tímpanos estivessem derretendo.

Uma onda de energia palpável descia sobre a multidão, colados ombro a ombro. E, à medida que a banda tocava "King of the Highway", eu era transportado para meu próprio mundo e me sentia o cara mais sortudo na face da Terra.

Gostaria de poder trazer meu irmão comigo, mas, na verdade, eu era apenas um rapazinho usando roupas de adulto. Meu irmão teria que se virar sozinho.

12

Em cana com a banda

Foi Fat, a banda de rock, quem me salvou. Desde que eu tinha saído da escola, eu vinha fazendo a manutenção de seus equipamentos e me tornado amigo do técnico de som, Dickie Marsh, e de Steve Ross, seu assistente. Dickie estava impressionado com minha habilidade de ouvir um som e ser capaz de dizer qual botão apertar no equalizador, achando que isso fosse uma habilidade natural. Mal sabia ele que eu havia estudado muito tempo para chegar até esse ponto.

Certa noite, depois de um show, Peter Newland, o cantor principal e flautista da banda, veio conversar comigo.

"Você podia vir morar conosco e viver de música", disse ele. "Podemos até pagar um salário. Oitenta dólares por semana." Nem pensei duas vezes, me juntei à banda e passei a ter um novo lar. Todos viviam juntos numa velha casa, na fazenda.

Billy Perry, o baterista, tinha um quarto perto do meu. Seus treinos na bateria garantiam que eu nunca dormisse até tarde. Nos quartos do segundo andar, ficavam alojados os guitarristas Mike Benson e Chris Newland. Peter, irmão de Chris, morava no quarto principal. Dickie e Steve ficavam espremidos no último andar. Coloquei minhas coisas em um quarto vazio, nos fundos do andar térreo, e estacionei minha moto no quintal, junto à minha janela.

Sem contar os períodos em que morei na floresta com o veterano de guerra, esta foi a primeira vez em que eu realmente vivi longe da minha família. Com minha própria moto, um lugar para viver e um papel de certa relevância numa banda de rock, eu sentia que tinha chegado lá. Para comemorar, comprei um osciloscópio Tektronix 504, que se tornou motivo de orgulho e alegria.

Passava meus dias tentando tirar o último watt de potência dos amplificadores e obter o melhor som possível de todos os instrumentos. A banda Fat tornou-se conhecida por seu som, bem como pela qualidade de sua música.

Fat fazia parte de um pequeno número de bandas que tocavam suas próprias músicas em clubes da Nova Inglaterra. Nosso empresário ainda conseguiu que abríssemos os shows de grandes estrelas, como James Montgomery, James Cotton, Roxy Music e Black Sabbath. Durante esse período, pude conhecer outros músicos, e recebi novos pedidos para projetar coisas – de amplificadores mais potentes até uma flauta elétrica. Eu tinha um novo círculo de amizades e estava conseguindo me adaptar bem a novos lugares.

E, o melhor, estava começando a ver o mundo. Toda vez que conseguia uma folga, viajava com minha moto para os lugares que podia conhecer num dia de viagem, como Vermont ou New Hampshire.

Naquele abril, enquanto o solo de nossa cidade ainda estava coberto com dois metros de neve, a banda decidiu fazer uma viagem ao Caribe, e eu estava incluído. Eles tinham feito uma poupança para esse passeio, reservando algumas centenas de dólares a cada show. De meu lado, meu patrimônio se resumia aos 80 dólares que eu tinha na carteira quando saí de casa. Mas Peter disse que aquela seria uma viagem com tudo incluído e todas as despesas pagas. Assim, voamos de Massachusetts para Montserrat, um típico paraíso tropical. Foi nesse lugar que percebi que eu era meio diferente do típico músico de rock.

A confusão começou às 6 da manhã do domingo de Páscoa de 1976. Eu estava dormindo numa villa no alto da colina, que pertencia a algum milionário inglês que gostava de músicos. O sol estava nascendo, o dia era claro e a temperatura, muito agradável. A ilha estava quieta. Montserrat é um lugar muito bonito e não tem indústrias, nem estradas, e nenhum ruído mais alto.

Qualquer pessoa estaria muito feliz em estar lá. Menos eu. Todas as coisas que eu gostava na vida não existiam naquele lugar: não havia hambúrgueres, nem chá gelado, apenas ovos e moluscos. Havia galinhas, também, mas se matássemos as galinhas para comer, não teríamos mais ovos. Mas havia muitos moluscos e outros frutos do mar, coisas que eu nunca havia comido antes e não pretendia fazer agora.

Na verdade, o problema é que eu não sabia sair de férias. Aquela era minha primeira viagem sem a família, não tinha grana e não havia nada para fazer. Uma coisa eu aprendi: *Vai viajar, então traga dinheiro!*

Naquela manhã, Willie, nosso guia nativo, entrou na casa feito um maluco, gritando a todo pulmão: "Acordem, caras! Acordem, todos vocês! É uma batida!"

Ele correu pela casa, subiu as escadas, gritando enquanto abria todas as portas:

"Acordem, é a polícia!"

Abri os olhos e sentei na cama. *Bem, não tenho drogas, então não posso ir preso*. Fui até a varanda e olhei para baixo, na direção da estrada que descia a colina e levava até a cidade. Quatro vans com policiais nativos mal-encarados subiam à toda. No capô do veículo da frente vinham dois guardas sentados, segurando porretes, e sabem-se lá quantos mais estavam dentro das vans. Aquilo não era uma batida, aquilo era um ataque.

Corri para dentro:

"É uma porra de um ataque! Esses nativos fudidos estão com porretes!"

Alguns dos rapazes começaram a jogar na privada as bolinhas, pílulas, cocaína e o que mais estivesse por ali, soltando a descarga. Torci para que a casa tivesse uma fossa, porque sabia que alguns desses banheiros esvaziavam na encosta, a uns cem metros abaixo. Que surpresa seria alguém encontrar essa merda toda...

Foram as duas piranhas que nos meteram nessa confusão; logo que as vi, sabia que elas trariam encrenca.

Quando chegamos, elas já estavam na casa:

"Oi, sou Jen e esta é Bárbara. Joe nos disse que podíamos ficar aqui esta semana". Ninguém de nós sabia quem era esse tal Joe, mas a banda decidiu que tudo bem, e depois disso, elas ficaram mais tagarelas.

"Fugimos de casa faz três semanas."

"Meu pai é policial, mas nunca vai nos encontrar aqui."

"Quer um pouquinho de erva?"

Isso vai dar merda, pensei na hora.

Não gostei de encontrar gente estranha na nossa casa de férias. Encontrá-la povoada por duas garotas me fez sentir um intruso. De quem realmente era a casa? Nossa? Delas? Achei isso inquietante. Já estava achando toda a viagem inquietante, muito porque não gostava de mudanças no meu ambiente. Eu preferia dormir sempre no mesmo lugar e com as mesmas pessoas em volta.

Mas os outros caras pensavam diferente. Mike virou-se para Peter e comentou, "Uau, duas meninas de graça! Isso é uma benção!" E então, foram com elas para dentro da casa. Eu nunca entendi como certos caras conseguiam fazer coisas desse tipo. Uma namorada por semana... Eu era tão envergonhado que nem conseguia conversar com uma garota!

Billy Perry, Chris e eu fomos à cidade na manhã seguinte e descobrimos uma coisa, rapidamente: todo mundo sabia onde estávamos.

"É, mon, vocês estão com as garotas na casa do Maxwell."

Em todo lugar que íamos, as garotas já tinham estado lá. Não descobrimos exatamente o que elas fizeram, mas seja lá como fosse, agora nós fazíamos parte dessa encrenca.

Havia muita erva na casa, além de cocaína, muitas pílulas e bastante bebida. Tomei algumas cervejas, mas como o resto das coisas não me interessava, deixei para lá.

Até aquela manhã.

Minha nossa!, pensei. *Eu vou em cana por causa da droga de outra pessoa! Essa merda toda não é minha!*

Peter abriu a porta para a polícia e eu fiquei mais atrás, apenas olhando. Eles não estavam portando armas, pelo menos aparentemente, mas os dois guardas que estavam no capô da van agitavam os porretes.

Todos eles se mostravam respeitosos e um dos policiais nos mostrou seu distintivo. Ele parecia mais um sem-teto, mas percebi que os representantes da lei eram desse jeito, no terceiro mundo.

Oito deles entraram e se dividiram em equipes, para revistar os quartos. De tempos em tempos, ouvia alguém gritar, como se tivesse feito um ponto no videogame. *Será que eles estavam plantando drogas em minhas meias?*

Finalmente, eles emergiram dos fundos da casa, sorrindo e carregando várias mochilas. Não eram minhas, ainda bem. Mas os sorrisos denunciavam que eles tinham encontrado alguma coisa. Não consegui entender tudo o que eles disseram, porque seu sotaque era muito carregado, mas a parte que pude compreender ordenava que fôssemos com eles para algum lugar. Fui para fora e vi mais dois carros de polícia.

Mike virou-se para mim e disse, com total desinteresse, "Bem, esta é a parte onde eles nos atiram na cadeia e jogam as chaves fora." Olhei em volta, não havia chance de escapar. *Mike não sabe nada, ele está doidão.*

Fui colocado numa das vans e levado até a cidade, onde o carro estacionou em frente a uma construção de pedra. A prisão. Uma prisão tropical, realmente. Tinha muralhas de um metro de espessura. Os nativos que nos invadiram eram toda a força policial da cidade, e havia alguns bêbados presos nas celas, certamente para curarem a ressaca. Todos estavam animados, porque tinham feito uma grande prisão! Nós.

"De pé, mon! Diga *xis* para a câmara. É sua foto para a ficha policial, mon!" Após terem tirado a fotografia, todos foram ver ela se revelar. Eles estavam usando uma velha Polaroid. Meu avô tinha uma igual, na década de 60.

O chefe disse, "Eu sou o Inspetor Vincent, me dê seu passaporte, mon!"

"Eu não tenho passaporte."

"Ok, mon, me dê sua identidade!"

Entreguei a ele meu cartão Top do Campus, que me dava direito a entrar no bar da Universidade. O inspetor copiou todos os dados do cartão num fichário, mas como meu nome e minha data de nascimento estavam errados no cartão da universidade, minha ficha também ficou com dados errados. Ainda bem.

Não fui revistado, acho que eles se esqueceram disso. Então, desejei ter uma faca ou uma arma de fogo. Mas os nativos eram tão amistosos que eu sentiria muito esfaquear ou matar a tiros qualquer um deles. Quando me aproximei da porta de saída com a maior discrição possível, o inspetor, muito educadamente, mas com firmeza, me fez sentar.

"Isto aqui é a cadeia, você tem que ficar aqui dentro!" Ele gargalhou. Idiota.

Depois, fomos todos trancados numa cela. Pelo menos, não era muito fria.

"Jesus Cristo. Espero que não haja ratos aqui!" disse Mike, o guitarrista. "Será que tem cobras?" Este não era o momento adequado para sua vívida imaginação...

Nosso confinamento não foi muito opressivo. O Inspetor Vincent tinha alguns músicos em sua equipe e, quando as coisas se acalmaram, eles trouxeram as suas guitarras para tocarmos um pouco. Demos-lhes dinheiro para comprar alimentos na cidade, e eles apareceram com Coca-Cola em garrafas de vidro. Eu não tinha visto dessas garrafas desde que eu era uma criança. Quando ficavam vazias, um dos policiais as enchia pela metade com água e as tocava como um instrumento musical. Teria sido muito legal, se eu não estivesse trancado naquela porra de prisão.

Peter tinha um amigo que conhecia alguém na ilha, nossa fiança foi paga e saímos da cadeia a tempo para o jantar. No dia seguinte, esse amigo nos apresentou a um advogado, que não foi muito com nossa cara. *Talvez ele more na ilha e tenha filhas.* Ele já sabia sobre as garotas fugitivas.

"Ahem... Algum dos jovens sabia que determinados tipos de posse de drogas recebem pena de enforcamento, nas colônias da Coroa Britânica?" Ninguém respondeu.

"As penas aqui são... ahem... draconianas."

"Os tiras adoram pegar os músicos. Tomara que não seja prisão perpétua." Mike estava engraçadinho, nesse dia...

O grande problema eram as sementes. Eles haviam encontrado sementes de maconha no fundo de uma das mochilas. Se a pessoa fosse pega fumando maconha, tudo bem, iria para a prisão por um tempo. Mas sementes representavam *plantadores*, e a pena para plantadores de maconha era a forca. A cocaína, o ácido, os cogumelos, ainda havia um bocado dessas coisas nas mochilas, mas nem deram muita atenção. O negócio deles eram as sementes.

O julgamento foi marcado para aquela quarta-feira e o tribunal estava vazio, exceto por nós, os advogados, o juiz e alguns poucos espectadores. Fomos apresentados rapidamente ao juiz, que vestia uma peruca digna de um travesti de Nova Iorque. Mas eu tinha certeza de que o juiz não se via como uma *drag queen*.

Não consegui ouvir quase nada do que eles disseram, porque tanto o promotor quanto o nosso advogado ficaram lá na frente, conversando com o juiz. O fato é que toda a história se resolveu em uma hora e meia de julgamento. Dois dos membros da banda foram multados em dois mil e quinhentos dólares. As acusações contra as garotas foram esquecidas. Bem, parece que eu passei despercebido também.

Um dos policiais me deu carona até a villa, onde fui buscar o carro alugado, um jipe Moke Mini Morris, e voltei para o tribunal. Mas, como nos tornamos uma espécie de celebridades e a bebida era por conta da casa no bar da cidade, então fui para lá me encontrar com os amigos.

Na hora de ir embora, estávamos todos muito bêbados, então decidi dar uma volta de carro na praia, que era perto. Quando cheguei lá, acelerei o Moke, desviando das pessoas que estavam deitadas, e me dirigi para as dunas, que ficavam no extremo mais distante da faixa de areia. Subi em velocidade e, do outro lado, eu vi o oceano.

O Moke naufragou, e como a maré estava subindo, em instantes o jipinho estava fora de vista. Meus amigos tinham desaparecido e eu tinha perdido meu transporte. O único sinal do meu Moke era a bandeira vermelha no pára-choque traseiro. Cada vez que uma onda passava, a bandeira apontava para fora do mar. *Merda*, eu disse para mim mesmo. *Melhor tirar o carro da água.*

Voltei ao bar para ver se alguém me ajudava nesse trabalho e havia dois rapazes tocando *steel drums*. A forma como eles tocavam aquelas músicas em tambores vazios de óleo, era algo mágico. Um dos rapazes da prisão estava lá, também. Ele tinha se transformado de um policial para um músico. Olhando para ele, você jamais adivinharia. Eu estava tentado a permanecer no bar a noite toda, mas sabia que tinha de tirar o Moke do mar. Não podia me dar ao luxo de comprar outro carro para o pessoal da locadora.

Consegui juntar cinco homens e, quando chegamos à praia, a maré ainda estava alta, e tivemos de nadar até o Moke.

"Todos juntos, agora, vamos mergulhar, agarrá-lo e arrastá-lo de volta. Um... dois... três... mergulhar!" Merda, que trabalho duro! Mas conseguimos. Depois que o Moke estava de volta na areia, nós o viramos de cabeça para baixo para drenar.

Na manhã seguinte, fui até a locadora. Logo que eu cheguei, ouvi, "Ei, me disseram que você afundou nosso carro no mar, mon!" As novidades corriam soltas, em Montserrat.

"Não se preocupe", eu disse. "Ele estará funcionando em poucas horas." Comprei gasolina, óleo e uma bateria nova, e então voltei à praia com dois rapazes da locadora como ajudantes. Nós viramos o carro de volta e o abasteci, troquei a bateria, limpei o carburador e a ignição. O carrinho voltou a funcionar e levei-o de volta à locadora, dei-lhe um bom banho e decretei que estava novo em folha.

No dia seguinte, as nossas férias chegaram ao fim. Eu disse adeus para Willie e voltamos para casa num DC-3 da II Guerra Mundial, sem porta e com frangos em gaiolas empilhadas no corredor. Deslizando a cerca de 500 metros acima do oceano, sabíamos que logo veríamos a neve, o degelo da primavera, e a lama. E antevia o nosso próximo show, sexta-feira à noite, na boate da cidade.

Alguns anos mais tarde, a maior parte da ilha de Montserrat desapareceu, quando o vulcão explodiu. A villa, a prisão, as estradas... tudo foi pelos ares.

Acabei não ficando com Fat muito mais tempo. Foi difícil viver com toda aquela gente na casa. Eu nunca sabia o que dizer ou fazer, e muitas vezes me senti perdido. Mas eu tinha feito uma série de contatos e estava muito mais confiante, pelo menos no que dizia respeito às questões de engenharia. Interagir sobre coisas técnicas havia se tornado confortável, e quanto mais eu fazia isso, mais eu aprendia e mais fácil tudo ficava. Eu não hesitaria em falar com o técnico de som em um show. Mas ainda ficava apavorado de conversar com uma garota.

13

O grande momento

Coisas boas começaram a acontecer com o fim do inverno de 1978. Meu longo e sombrio período de solidão estava prestes a terminar. Para minha surpresa, um dia encontrei Ursinho na universidade. Fiquei surpreso ao vê-la. Não sabia que ela estudava lá, porque não nos falávamos há um longo período. Mas nos reconectamos imediatamente. Ela me contou que havia rompido comigo por causa de fofocas feitas por alguns supostos amigos, fofocas que mais tarde se provaram mentirosas. Ambos lamentamos o tempo perdido e resolvemos recomeçar.

Nós passeávamos pelos trilhos de trem que circundavam a cidade e conversávamos sobre muitas coisas, sobre nossos sonhos, a ficção científica, carros e motos. Eu estava amando.

Outra boa notícia surgiu dois meses mais tarde: fui contratado por uma grande empresa, que alugava enormes equipamentos de som, não aqueles para se usar em bares, mas para grandes estádios. Era a Britannia Row Audio, montada pelo Pink Floyd e conhecida como Britro, na América. A pessoa que dirigia a Britro era Mick Kluczynski, que conheci durante um show do Sha Na Na.

Na passagem de som, eu andava xeretando por lá e percebi que eles estavam com problemas.

"Tem algo errado, não é?"

"Porra! Claro que tem! Sou Mick e cuido do sistema principal; este é o Seth, responsável pelo retorno. Quem é você?"

O tal sistema principal compõe-se dos alto-falantes que a platéia vê em enormes pilhas no fundo do palco. O retorno são as caixas de som que ficam de frente para os músicos e permitem que eles ouçam o que estão tocando, no meio da barulheira toda.

"Sou John", respondi, "Sou engenheiro e conheço um pouco sobre esses amplificadores." Eu esperava que tivesse falado com segurança.

Eu já havia consertado um bocado daqueles amplificadores para as bandas locais, porque eles apresentavam uma tendência desagradável de explodir se você tocasse muito alto. Em geral, nossas bandas usavam um ou dois amplificadores, mas nunca tinha visto algo parecido. Havia uma montanha deles empilhados no palco; pude contar pelo menos vinte, numa rápida olhada.

"Bem, pode ficar à vontade, senhor engenheiro."

Fui até onde estavam os racks e notei, assim que desparafusei os painéis de um deles, que alguns fusíveis estavam queimados e os transistores, derretidos. Eu poderia dar um jeito naquilo, mas não ali, precisava de mais espaço.

"Dá para consertar, mas preciso de uma bancada onde consiga desmontar todas as peças. Vocês têm algum lugar calmo onde eu possa fazer isso?"

Mick havia aberto um escritório em Long Island e marcamos uma data na semana seguinte.

No dia combinado, fui até o endereço que Mick havia me dado, levando todas as minhas ferramentas. Chegando por lá, e assim que Seth abriu a porta, entrei num estúdio enorme, com caixas de som e equipamentos de iluminação cobrindo o chão e mais outros empilhados na parede, quase até o teto.

"Estamos com metade do equipamento do Pink Floyd, e mais algumas coisas que adicionamos", disse Seth."Você sabe, o Floyd tem o maior sistema de som do mundo." Eu não sabia disso, mas balancei a cabeça afirmativamente, como se soubesse.

Seth me encaminhou até um salão nos fundos, onde havia pelo menos 50 amplificadores sobre uma enorme bancada.

"*Todos* esses estão quebrados?" Aquilo não era possível. Eu estava esperando um ou dois amplificadores, mas não um lote daquele tamanho.

"Pode crer. Divirta-se." Dizendo isso, Seth voltou para o estúdio.

Levei três dias para fazer o trabalho e consertei todos eles, menos dois, que acabei desmontando e aproveitando as peças utilizáveis. Quando terminei o serviço, Mick testou cada um dos amplificadores, tocando no volume máximo algumas fitas do Judas Priest e Roxy Music. Os 52 amplificadores que eu havia consertado passaram no teste. "Incrível!", disse Mike.

Fiquei orgulhoso de mim mesmo, porque aquele tinha sido o maior e mais rápido conserto que já havia realizado até então. Mas eles ainda estavam com pilhas e pilhas de equipamentos quebrados, e também algumas idéias.

"Nossos sistemas de som são de 3 saídas, mas gostaríamos que eles tivessem 5 saídas. Ninguém hoje tem um desses em turnês. O que você acha, consegue fazer isso?"

"Mas é claro!", eu respondi.

Mais tarde, contei a Ursinho sobre o que pensava em fazer.

"Mas o que é isso?", ela perguntou.

"Ele divide o som em faixas. Assim, o som do contrabaixo vai para os falantes maiores. Depois, a gama sonora mais baixa, seja da guitarra ou do piano, vai para o falante seguinte. Aí, os mids, principalmente dos vocais, seguem para os seus próprios falantes, então os mids mais altos, dos metais e sax, vão para outro conjunto de falantes. E, finalmente, os agudos, como dos címbalos e pratos, são dirigidos para os falantes de alta- freqüência".

"Hummm, sei." disse ela. Não ficou claro se ela compreendeu, ou estava apenas concordando para me satisfazer.

Eu desenhei os circuitos e Ursinho os montou, na mesa de jantar de nosso apartamento. O mais impressionante é que deu certo. Enquanto levava o material para a Britro, fiquei pensando como tínhamos ido longe, desde o tempo em que consertávamos gravadores para o pessoal do colégio. Seth estava nos esperando ansioso, quando chegamos no *New Jersey Center for the Performing Arts*, onde haveria um show para o qual tinham alugado os equipamentos.

"Você demorou pra caralho! E é bom que esse seu negócio funcione, porque não temos outro de reserva!"

Só aí percebi que não haveria tempo para ensaios. A gente ia conectar os circuitos e fazer o show imediatamente. *Bem, estava funcionando,* refleti. *Pelo menos, cinco minutos antes de colocar no carro.*

Ligamos os aparelhos e a primeira coisa que ouvimos foram as trompas de "Baker Street", de Gerry Rafferty. "Que puta som!", Seth estava impressionado. "Ouça como as trompas estão suaves."

Na mesma noite, fiquei para assistir o Meat Loaf tocar para uma platéia lotada. No meio do show, o empresário deles se aproximou de nós e cumprimentou-nos pelo som, segundo ele, "alto e claro". A idéia das 5 saídas tinha funcionado.

Desde aquele dia, passei a ter montanhas de trabalho. Parecia que os equipamentos a serem reparados "brotavam" de todos os lugares, a todo instante. E, todas as vezes que eu chegava ao estúdio, a equipe estava envolvida na preparação de novos espetáculos. E mais: usando os mesmos equipamentos que eu tinha consertado, melhorado ou construído, para músicos de estilos totalmente diferentes: Judas Priest, Talking Heads, Blondie, Phoebe Snow.

Agora, eu podia dizer que eu era o engenheiro de som.

Em agosto de 1978, fui chamado para resolver um problema num dos equipamentos que a Britro havia preparado para uma banda canadense chamada April Wine. Eu deveria ir junto com eles na turnê e tentar resolver o problema *in loco*. Concordei, desde que pudesse levar Ursinho comigo.

No dia seguinte, uma perua verde veio nos buscar, com um membro da equipe de Long Island e Nigel, um inglês que eu ainda não tinha conhecido. Quase não havia lugar para nós, com todos aqueles equipamentos e ferramentas. Nigel foi dirigindo, e ele guiava rápido. "Estamos com uma pressa danada, companheiro. Eles estão nos esperando para o show de amanhã, ah... estão sim."

Depois que saímos de Massachusetts, perdi de vista o velocímetro quando ele ultrapassou os 160 por hora. Na velocidade que Nigel vinha fazendo, chegamos à fronteira com o Canadá em tempo recorde. Paramos na alfândega e o guarda deu uma espiada na traseira da van, onde se viam caixas e caixas carimbadas PINK FLOYD-LONDRES.

"Vocês estão com o Pink Floyd na parte de trás do carro, não é mesmo?", perguntou.

"Isso aí, companheiro. Nós encolhemos todos eles e enfiamos nessas porras dessas caixas, companheiro. Isso aí ", disse Nigel.

Por incrível que pareça, o funcionário aduaneiro riu e deixou-nos passar. Nós paramos para jantar em um restaurante francês fora de Montreal, onde fiz uma das melhores refeições de toda a minha vida. Viajamos durante toda a noite e devia ser umas três da manhã quando alcançamos a banda.

Ursinho e eu ficamos de pé, sacudimos a cabeça para nos manter acordados e fomos trabalhar nos equipamentos. De manhã, havíamos consertado pelo menos metade dos falantes queimados, o que seria suficiente para o show daquela noite.

Vivemos a semana seguinte de galho em galho pelo Canadá, seguindo a banda em sua turnê e consertando os equipamentos que se quebravam. Em 12 de agosto, um dia antes do meu aniversário, tínhamos chegado à Baía de Fundy, na ponta leste do Canadá, e pegamos uma balsa. Ursinho e eu passamos a noite de meu vigésimo – primeiro aniversário no alto da balsa, no abrigo da chaminé. Era uma sensação mágica: o movimento gentil da barca, um trabalho importante para fazer, as estrelas, o ar marinho...

Eu não poderia imaginar uma vida melhor e quase esqueci minha família amalucada. Naquela noite, desejei ficar para sempre na estrada.

14

A primeira guitarra fumegante

Normalmente, eu trabalhava sozinho no escritório da Britro, a não ser nas ocasiões em que Ursinho estava comigo. Consertava os equipamentos na sala dos fundos, enquanto Seth e outros membros da equipe mantinham suas atividades no estúdio da frente. Quase ninguém aparecia por lá. Por isso, fiquei surpreso ao chegar naquela manhã e ver que havia uma multidão na porta. Assim que entrei no salão principal, reconheci as músicas que estavam tocando. O KISS estava lá.

"Eles estão testando o equipamento antes de alugá-lo. Vamos trabalhar lá atrás e deixá-los fazendo o que desejarem." Seth me explicou.

Dava para ver o palco de minha bancada de trabalho, e lá estava Ace Frehley cutucando um buraco em sua guitarra. Cheguei mais perto.

"Ei, você é o engenheiro?", perguntou Ace. "Queria colocar uma bomba de fumaça nessa guitarra, que explodisse quando terminasse meu solo."

"Posso dar uma olhada? Talvez consiga pensar em alguma coisa," respondi.

Ace tinha feito um buraco e encaixado nele uma bomba de fumaça. Sua idéia era que a guitarra desaparecesse numa cortina de fumaça enquanto tocasse os últimos acordes. A idéia era boa, mas o jeito que ele tentara executar, não.

"Vai funcionar melhor se a gente fizer uma caixa de metal, colocar as bombas dentro e embuti-la na guitarra." afirmei, depois de examinar um pouco.

"Legal, e assim não vai queimar a guitarra!"

"A gente pode isolar a caixa de metal e, em vez de fogo, podemos usar luzes!"

Para evitar problemas, pedi a Ace uma guitarra de reserva para fazer os testes. A Gibson que ele usava custava quase mil dólares. Então ele mandou seu *roadie* pedir ao fabricante que me enviasse outra guitarra igual, logo no dia seguinte. Assim, bem desse jeito. No mundo da música, é esse tipo de coisa que o poder e a fama conseguem.

Naquela noite, fui para casa com uma encomenda diferente. Eu nunca havia feito nada relacionado a efeitos especiais. Bem, mas ninguém sabia disso e não seria eu a contar. O máximo neste segmento tinham sido algumas pegadinhas que criara na infância, mas não chegavam nem perto de um efeito dessa escala. Fiquei meio amedrontado quando pensei nisso.

Decidi pedir ajuda. Fui trocar idéias com meu amigo Jim Boughton, aquele da fundição e da banheira flamejante. Levei a ele a maravilhosa Les Paul preta que a Gibson tinha me enviado, a pedido do guitarrista do KISS. "O maluco quer que a guitarra exploda, solte fogo e fumaça? E ainda continue tocando? Esse cara é dos meus!", comentou Jim, sorrindo.

A primeira experiência que fizemos não deu certo. A caixa que embutimos nos fundos da guitarra ficou curva e assim, não gerou o resultado necessário. Na segunda tentativa, Jim moldou uma caixa de aço inoxidável, escavou o fundo da guitarra e retirou um dos captadores. A caixa foi colocada logo abaixo de onde esse captador estava, que agora havia se tornado um buraco.

"Tudo bem, vamos cortar um pedaço de aço no formato do captador e adaptar uma mola e dobradiça para que possa ser aberto, para a fumaça sair. É melhor a gente isolar tudo isso, senão o Ace vai se queimar na hora que estiver solando. Esse negócio vai ficar muito quente!"

Tex, o roadie de Ace, me ligava todos os dias para saber como estávamos indo. No começo, ele ficou um bocado cético, ele e os outros membros da equipe do KISS.

"Uma caixa de metal? Um falso captador com uma dobradiça?" Mas depois, quando viu o trabalho evoluindo, passou a acreditar que podia dar certo.

Enquanto Jim preparava a caixa de metal e as demais partes mecânicas, eu me concentrei nas partes eletrônicas. O KISS estava começando a usar uma nova tecnologia – um sistema de sinais de rádio, sem fio – que enviava os sinais das guitarras para os amplificadores. Para uma banda como o KISS, que se movimentava demais no palco, um sistema sem fio era o ideal, pois evitava tropeções e tombos. Mas, para mim, era muito mais difícil, pois significava que as luzes poderosas que Ace pretendia colocar em sua guitarra deviam usar baterias para funcionar.

Tex ajudou a resolver esta parte. Ele descobriu uma empresa que fabricava pequenas baterias recarregáveis para câmeras portáteis. Falei com eles e fui visitá-los, semanas depois, para ver o modelo que haviam preparado sob encomenda. Era uma bateria bem estreita e pequena, não pesando mais que 800 gramas.

"Esta belezinha tem toda a carga que você vai precisar." disse Jack, um dos donos da empresa.

"Sério?" acho que demonstrei minha incredulidade.

"Claro, dá pra dar a partida num carro com ela, veja só!" Ele ligou a bateria a um par de refletores e as luzes brilharam com tanta intensidade que tive que virar o rosto. Essas pequenas baterias haviam sido desenvolvidas para o pessoal de reportagens externas da TV, de forma que pudessem iluminar os locais com potentes refletores e fizessem boas imagens em qualquer situação. E sem carregar muito peso.

Eu me sentia muito feliz ao ver minhas criações em uma performance ao vivo. As pessoas ficavam espantadas e, depois, irrompiam em aplausos, saudando as inovações que eu tinha criado. Em momentos como este, era divertido ser um cara desajustado. Quando olhava em torno de mim, observando as pessoas criativas da cena musical, todos pareciam ser tão desajustados quanto eu, logo podia me misturar a eles. As únicas pessoas "normais" eram os empresários, mas não precisava lidar com eles. Gostava de verdade do pessoal das bandas, e eles pareciam gostar de mim, também.

Eu tinha uma namorada e um carro. Havia conseguido escapar daqueles dementes dos meus pais. Estava trabalhando para uma das bandas mais famosas do mundo e conseguia fazer um bom dinheiro, quando trabalhava. Eu tinha ido de oitenta dólares por semana, com o Fat, para oitenta dólares em poucas horas. Enfim, eu estava sendo bem-sucedido.

Pelo menos, era o que eu sentia quando as coisas iam bem para mim. Quando não, ouvia as vozinhas na minha cabeça.

Você é uma fraude.

Esta merda não vai funcionar.

Isso acontecia com freqüência, quando estava trabalhando nas guitarras do KISS. Eu não podia errar e só havia um jeito para conseguir isso: trabalhar duro. E cumprir com o que tinha prometido, que as guitarras iriam funcionar do jeito que eu havia dito.

Havia inúmeros pequenos detalhes a pensar. Por exemplo, o falso captador preso a uma dobradiça para a fumaça sair, na guitarra de Ace. A gente devia pintá-lo? Eu tinha medo que a fuligem da bomba de fumaça fosse arruinar o acabamento. Mas Tex, mais uma vez, veio com a solução: decalques.

E ele até conhecia um cara que podia fazer o serviço, imprimindo vários adesivos imitando a cor de um captador de guitarra. Assim, podíamos trocar a cada show, mantendo-o novo em folha para a nova apresentação. Funcionou perfeitamente. Esse meu projeto de guitarra foi minha primeira experiência de trabalho em equipe.

Agora, estava tudo pronto. Tínhamos transformado uma Les Paul comum, que podia ser encontrada em qualquer loja de instrumentos musicais, numa besta que soltava fumaça! Quando você girava o controle de volume, o captador se abria, a bomba de fumaça era detonada e uma luz intensa jorrava pelo buraco.

Eu nunca tinha construído nada para ninguém famoso, antes. KISS era uma das maiores bandas do mundo, e eu estava realmente orgulhoso: eles haviam escolhido a mim para fazer a guitarra. Gostaria de saber o que aconteceria depois. Eu iria tornar-me famoso? Será que receberia novas encomendas?

Quando cheguei, Ace pegou a guitarra e examinou atentamente o nosso trabalho, que era visível através de uma cobertura plástica atrás.

"Vamos ver se funciona. Tex, coloque umas bombas de fumaça."

Quando ambas as bombas foram acionadas, a fumaça derramou-se para fora da guitarra e encheu a sala. E continuavam ardendo. Na verdade, arderam tão intensamente que arrebentaram duas cordas. Quando vi isso, torci para que nosso isolamento suportasse.

"Puta que o pariu!"

Ace ficou impressionado.

E a platéia também, logo que viram. Ace estreou sua guitarra fumegante na música "2000 Man". Foi um tremendo sucesso, com as multidões urrando quando viram a fumaça e as luzes saindo. Após o primeiro show, Ace veio conversar comigo.

"Foi demais, cara, adorei. O que mais podemos fazer?"

Essa guitarra fumegante foi a primeira de uma longa série de guitarras especiais que criaríamos nos próximos anos. Ace era um sujeito cheio de idéias e eu começava a criá-las quando as turnês iniciavam e continuava fabricando-as ou modificando-as enquanto viajávamos. A cada turnê, os efeitos tornavam-se cada vez melhores.

Depois de um longo tempo sendo impopular, as coisas tinham se transformado, para mim. Parentes que eu não via desde os 5 anos de idade apareciam nas coxias, reafirmando seu carinho e pedindo "dois ingressos, se você puder, claro." Eu normalmente podia.

Mas esses parentes não eram as únicas pessoas que eu encontrava. As façanhas sexuais de alguns dos membros da banda eram lendárias, e de tempos em tempos eu trombava com algumas de suas "amigas". Naquela noite em Maryland, por exemplo, quando reservamos todo o último andar do melhor hotel da cidade e nos registramos sob nomes falsos. Apesar dos nossos esforços, havia sempre um grande número de fãs por perto. Passei aos trancos por elas, em direção aos elevadores. Assim que pisei em um deles, duas garotas entraram juntas. Elas eram muito bonitas e estavam vestidas de um modo bem...ãh... provocativo. Ainda me lembro de uma delas, com cabelos vermelhos e uma blusa vermelha de seda, desabotoada praticamente até o umbigo. Com saltos altos. Ela não estava vestida como uma prostituta (eu já tinha visto putas o suficiente para saber a diferença). Ela era apenas, digamos, agressiva...

Pressionei o botão do último andar e, em seguida, perguntei a elas: "Que andar?"

"Último", disse a menina com a camisa vermelha brilhante.

"Vocês têm convite?" perguntei. "Nossos seguranças não deixarão vocês passarem, sem convite".

"Estamos indo fazer uma chupetinha em Gene Simmons. Ele está esperando por nós", disse ela, num tom de quem queria encerrar a conversa.

"Certo", eu disse devagar. Que mais poderia eu dizer? Quando chegamos, fui para o meu quarto e elas para o delas. Estavam, mesmo, sendo aguardadas.

Antes de sairmos em turnê, tínhamos preparado todo o show e ensaiado em Long Island. Em várias ocasiões, trouxe Verme comigo. Ele adorava. Um de seus trabalhos da sétima série foi escrever sobre o que ele tinha feito nas férias. Então, evidentemente, ele escreveu, "Meu irmão trabalha para o KISS. Ele levou-me ao ensaio em Nassau, onde me encontrei com Paul Stanley e Gene Simmons. Eu os vi sem a maquiagem e eles me contaram piadas sujas."

Nessa época, ver os membros do KISS sem a sua maquiagem pesada e selvagem era algo inédito. Então, os diretores da escola enviaram Verme para o psicólogo, porque ele insistia em dizer que sua "fantasia maluca" era verdade!

Eu fui com meu irmão e coloquei as coisas em pratos limpos. "Que merda é essa, de vocês estarem perturbando meu irmão mais novo?" confrontei o psicólogo. Eu estava com 21 anos e ainda não havia aprendido a tratar as pessoas com tato, mas sabia muito bem ser claro e assertivo. E as lembranças amargas do tempo que passei nessa mesma escola ainda estavam frescas em minha mente.

Não sei se foi a minha cara honesta, o meu tamanho, ou o meu jeito vulgar que arrumou as coisas. Ou, ainda, as fotos que eu levava na maleta dourada que Ace tinha me dado, cujo interior era decorado com crachás para os bastidores dos shows do KISS. Seja como for, a escola nunca mais duvidou das histórias de Verme sobre o KISS.

"Que bando de idiotas," reclamei na saída.

"Só", respondeu. Ele seguiu o meu exemplo e saiu da escola alguns meses mais tarde.

Sempre achei engraçada essa forma das pessoas agirem. Seria tão incrível assim, a idéia de que eu, sim, eu mesmo, trabalhava com o KISS? Eu só pensava nisso como um trabalho divertido. Alguém tinha de fazê-lo. Por que não eu?

"Eu não posso acreditar que você conhece o Ace Frehley! Ele é o meu herói! Como ele é?" Anna, a menina que trabalhava na pizzaria, se derramou quando fui pedir minha comida. Eu nunca sabia como responder a perguntas como esta. *Eles são apenas músicos,* pensei. *Qual é o grande lance?*

Tentei responder, pelo menos desta vez. "Ele é só um cara comum. Com cabelos pretos, um pouco mais baixo do que eu".

"Pare!" disse ela. "Ele não é um cara comum! E eu sei como ele se parece!" E, dizendo isso, ela passou cinco minutos me contando como seu herói era. Dei o fora e fui polir minha moto. Queria sair dali, mas não podia fazer isso enquanto minha comida não ficasse pronta. Anna me seguiu.

"E que tal o Gene?"

"Qual Gene?" perguntei distraidamente, enquanto polia o escapamento cromado.

"Gene Simmons, ora! Quem mais poderia ser?" disse ela. "É verdade o que o pessoal fala? Que ele é capaz de lamber seus próprios olhos?"

Não acredito, pensei. *Isso não termina nunca...*

"Bem", respondi. "Ele tem uma língua bem comprida, mesmo. E sei que as meninas adoram." Eu não sabia mais o que dizer. Felizmente, nesse momento, o seu patrão trouxe a minha pizza. Assim, ele me "trouxe" a desculpa de que mais precisava para escapar de Anna e seu Mundo Maluco de Estrelas do Rock.

Não sei se é uma característica dos Aspergers, ou se é só comigo, mas eu nunca fui afetado por celebridades. Não importa se ele é um músico famoso, para mim é apenas um cara com uma guitarra quebrada ou com uma idéia para um efeito sonoro. Mas eu nunca fui capaz de explicar essa simples realidade para as outras pessoas.

"Você está sendo apenas modesto," afirmam as pessoas, quando estão sendo legais.

"Você é um tolo arrogante," dizem elas, quando estão com raiva.

A verdade é que tudo que vi foram apenas as minhas criações. Para mim, o guitarrista era como o motorista de um carro de corrida, e eu era o cara que construiu e ajustava o motor. Nós até fazíamos parte da mesma equipe, mas eu não estava lá fora, dirigindo. Eu nem sequer via a pista de corrida. O motor era o meu mundo.

15

A balsa para Detroit

Eu ligava para casa todas as semanas, quando estava viajando com o KISS. Não havia celulares naqueles dias, assim telefonar para casa era bem mais difícil do que é hoje. Nós levávamos nossos próprios telefones, junto com o restante dos equipamentos da produção, nos enormes caminhões que usávamos. Assim que chegávamos ao destino, montávamos a mesa telefônica e fazíamos as ligações.

Verme estava com 14 anos nessa época e eu procurava sempre falar com ele, que aparentemente sentia a minha falta.

Algumas vezes, recebia notícias estranhas de casa. Naquela ocasião, mamãe sofreu mais um surto psicótico e deixou meu irmão morando temporariamente com Dr. Finch. Este médico e seus seguidores viviam numa casa situada perto do centro da cidade, envolta numa atmosfera de culto, o que me fazia freqüentá-la raramente.

Em outras vezes, meu irmão tinha um tom de urgência na voz, como naquela vez que liguei para ele de algum lugar no Meio-Oeste e ele disse, "John, posso ir ver você amanhã?"

Ele deve estar querendo que eu compre alguma coisa, pensei.

Com o nosso pai decaindo vertiginosamente e uma mãe desmiolada e desempregada, fui me transformando numa espécie de caixa automático para Verme. De fato, parecia que a necessidade dele em *adquirir coisas* estava aumentando mais rápido do que o meu rendimento. Quando era pequeno, ele tinha se vestido com papel alumínio. Agora que ele era mais velho, só queria roupas de grife, e achava que eu era o único que podia comprá-las. Não via a hora que ele conseguisse um emprego.

"Certo", eu disse, "vou buscá-lo no aeroporto e vamos ao nosso show em Cleveland."

Fui buscá-lo em um Cadillac. Eu alugava Cadillacs sempre que podia, apesar do empresário reclamar das despesas. Adorávamos esses carrões, eram sempre limpos e cheirosos. Além disso, a nossa avó tinha um deles quando éramos pequenos, por isso, nos sentíamos em casa.

O aeroporto de Cleveland era fora da cidade e assim que chegamos, meu irmão começou a me atazanar.

"Onde fica o shopping center?" perguntou.

Ele não está aqui nem há dez minutos e já quer fazer compras! pensei.

Bem, havia shoppings de onde ele tinha vindo e não precisava ter voado quase dois mil quilômetros para visitar um!

"Eu preciso de roupas novas." Ele estava tentando ser razoável.

Não querendo deixar ele solto numa farra de compras, saí da estrada e entrei em um bairro residencial.

"Não existem lojas aqui." Mostrei a ele, na escuridão.

Verme olhou ao redor. Estávamos no meio do nada. Só se viam casas, e mesmo elas eram bem distantes entre si. Estava muito escuro e não tínhamos visto nenhum posto de gasolina ou loja de conveniência.

Mas meu irmão insistia em prosseguir. *Tinha* que existir algum shopping para atender aqueles pobres moradores. Foi quando tive uma inspiração súbita... Como ele estava mais velho, seria mais difícil pregar uma peça. Mas eu podia tentar, quem sabe...

"Verme, desista, não existem lojas por aqui. Se você fez essa viagem apenas para fazer compras, ficará desapontado. O pessoal de Cleveland é muito religioso, aliás é por isso que a cidade tem esse nome. Eles são Clevitas."

"O que são Clevitas?" Ele soou desconfiado, mas eu vi uma pequena chance de dar certo.

"Os Clevitas fundaram esta cidade, é um povo muito religioso. Eles veneram São Cleve, o patrono das colheitas."

O que ele poderia dizer contra isso? Quando Escrava o levara ao México, numa viagem em que buscava inspiração para suas pinturas, meu irmão vira as pessoas adorando seus santos. Eu sabia que tinha começado a fisgá-lo.

"Francamente, fiquei surpreso quando eles permitiram o show do KISS nesta cidade. Normalmente, aqui só se apresentam grupos gospel, você entende. Olha, Verme, há uma porção de outras comunidades religiosas espalhadas pelo país. Os Menonitas, os Moonies, os Amish... Eles nunca permitiriam um show de uma banda como KISS, nem em um milhão de anos. Mas, acho que os tempos estão mudando. Daqui a pouco, aposto como estaremos nos apresentando em Salt Lake City, para os mórmons."

Mas Verme não tirava o pensamento de fazer compras da mente.

"Cara, eu *realmente* estou precisando de roupas novas! Veja, eu trouxe algumas fotos." Ele tinha recortado anúncios de Calvin Klein e de modelos e estrelas vestidos com elegância, e feito uma colagem. Teria sido um trabalho bem interessante, se Verme não estivesse usando isso para tirar 500 dólares de meu bolso.

"Olha, não posso ver enquanto estiver dirigindo." *Eu devia ter trancado ele no porta-malas*, pensei.

Meu irmão continuava pulando e sacudindo os recortes na minha frente. Ele não ia desistir.

"Verme, você precisa entender. Eles não têm lojas de roupas numa cidade como esta. Só existem armazéns, postos de gasolina e igrejas. E mais nada!"

"Mas então, o que vamos fazer?" Ele perguntou como se isso fosse *meu* problema.

"Fica frio, eu sei o que estou fazendo. Nós faremos um show amanhã e você pode vir comigo. Você terá a chance de ver as novidades que preparamos para quando tocar 'Rock and Roll All Night.'"

"Mas eu preciso de roupas novas." Ele estava choroso, agora. Para sorte dele, eu não era como os outros irmãos mais velhos, que não teriam mais nenhum argumento e tacariam uma bolacha nele, mandando-o calar a boca. Eu, não, eu tinha imaginação e acabara de ter uma outra idéia.

"Bem, se você insiste em fazer compras, você pode pegar um táxi e ir até as docas, pegar a balsa para Detroit. Fica a uns 150 quilômetros, do outro lado do Lago Erie. Mas preciso alertar, é um lugar horroroso, eu não faria isso, se fosse você."

Eu pude invocar uma imagem da balsa claramente. Era uma cena extraída da Bíblia. Sodoma e Gomorra. Pecadores depravados e orgiásticos aguardando por um deus vingativo. Tudo isto e muito mais, lá nas docas de Cleveland. Minha inspiração ganhava asas.

"É uma cena doentia, Verme. Todas essas pessoas gananciosas, queimando com a volúpia para comprar. Bebendo, brincando, empurrando umas às outras. Reunidos na doca à espera da balsa, como viciados à espera de uma dose de heroína. Eu não vou lá. E além disso, tenho roupas. Não preciso de roupas novas. "

"Suas roupas são um lixo. Vivem sujas e estão fora de moda."

"Bem, eu jamais ficaria o dia todo numa balsa para ir fazer compras. E se afundar?"

"Elas costumam afundar?"

"Porra, cara, você vai ficar longe da terra firme durante horas, enquanto estiver atravessando o lago. Você já ouviu aquela música do Gordon Lightfoot sobre o *Edmund Fitzgerald*, certo? O *Edmund Fitzgerald* era um navio de 300 metros que afundou durante uma tempestade, sem deixar um sinal."

"É..." ele não sabia o que dizer.

"Pois foi por lá, na região dos Grandes Lagos."

Bem, a necessidade de fazer compras parecia ser muito grande, porque a imagem de um grande navio naufragado não pareceu incomodá-lo.

"Se o dia estiver legal, eu vou mesmo assim."

Tentei uma última cartada.

"Bem, se você chegar lá e as ondas estiverem muito altas, não embarque, hein?"

"Tá bom," ele concordou."Você pode me levar até lá e a gente checa isso."

"Não sei chegar até as docas, além disso, tenho que trabalhar. Eu te dou o dinheiro para as compras, para o táxi e para a balsa, mas você tem que se virar sozinho."

"Valeu!" Ele achara que tinha vencido.

Fomos pelo saguão até nosso quarto e encontramos Ace e outro membro da equipe. Eles conheciam Verme.

"Olha quem está aí!"

"Amanhã vou a Detroit de balsa, pra comprar roupas novas."

"Porra, por que vai tão longe assim?"

Quando chegamos ao quarto, disse a meu irmão que ele iria dormir no chão. Meu quarto tinha duas camas, numa eu dormia e a outra, usava como uma mesa de trabalho.

"Eu não vou dormir no chão, é só tirar toda aquela tralha de cima da cama."

"Porra, Verme. Você devia estar agradecido pelo que já tem. Eu gastei 20.000 litros de combustível de avião pra trazer você até aqui, e agora ainda quer uma cama?"

Meu irmão mais novo não tinha idéia do custo e do trabalho para trazê-lo. Eu também não, mas ele não podia saber disso. Avaliei a situação cuidadosamente. Se ele ficasse no chão, resmungaria a noite toda e eu não poderia pegar no sono. Se eu o trancasse no corredor, ele faria uma cena. O melhor seria ele dormir na minha cama de trabalho, mesmo.

Eu devia saber que Verme não conseguiria pregar o olho enquanto não soubesse tudo que fosse possível sobre sua viagem de balsa e as compras em Detroit. Então, levantou-se na ponta dos pés e foi até a recepção do motel.

Assumindo a expressão de um viajante experiente, perguntou à recepcionista, uma garota de vinte anos cheia de espinhas:

"Como eu faço pra pegar a balsa pra Detroit?"

Ela respondeu com um olhar vazio, sem dizer nada, sorrindo mecanicamente.

"A balsa... para Detroit...", insistiu Verme, perguntando de novo.

"Âhhhhhnnnn... eu não sei."

As equipes dos motéis aonde costumávamos nos hospedar não eram do mais alto calibre.

Verme voltou rapidamente e me confrontou. "Isso é mais uma de suas peças, John?"

"Bem, você pode decidir por si mesmo. Você viu alguma loja desde que chegamos?" Eu tinha conseguido.

"Sei lá..." Ele estava resmungando, confuso. Mas continuava desesperado para ter as roupas que tinha visto nas revistas.

"Então, vá procurar alguém e pergunte você mesmo."

Verme desceu ao saguão de novo e fui sorrateiramente atrás, para espiar. Ele perguntou às primeiras pessoas que encontrou, um simpático casal na meia-idade.

"Perdão. Vocês sabem onde posso pegar a balsa para Detroit, por favor?" Ele estava usando sua melhor educação, agora.

"Infelizmente, somos de San Francisco." Eles sorriram para o menino bonito, com cabelos louros encaracolados.

Ele percebeu que precisava de um nativo. Talvez alguém que trabalhasse lá. Alguém um pouco mais esperto do que a funcionária no balcão. Então, ele encontrou um faxineiro varrendo o corredor. Certamente esse homem moraria por ali, ele saberia explicar.

"Perdoe-me, onde posso pegar a balsa para Detroit?" Ele ainda estava educado.

O faxineiro apenas o encarou, atrás de seu balde cheio de vassouras e trapos.

"Como éééé?"

"Eu preciso fazer compras. Como posso chegar à balsa?"

"A balsa para Detroit? O que há, você está doido? Se você quer fazer compras, vá até a porra do shopping! A porra do shopping fica a 500 metros daqui!" Ele girou em torno de si e se afastou.

"Que porra de moleque idiota!"

O zelador resmungava enquanto arrastava o balde pelo corredor. Deu uma tossida e cuspiu no carpete.

Verme ficou lá, com um sorriso cansado, percebendo que tinha sido apanhado. Não disse uma palavra.

Voltei para o meu quarto, sentindo-me muito orgulhoso de mim mesmo. Qualquer um pode enganar uma criança de quatro anos de idade, mas você precisa ser um mestre pra apanhar alguém dez anos mais velho. Eu sabia que Verme estava ficando maior e mais inteligente. E talvez não pudesse enganá-lo daquele jeito novamente.

Em breve ele seria grande demais para ser chamado de Verme, então precisava pensar num novo apelido para ele. Chamá-lo de Chris, seu nome verdadeiro, não servia para mim.

Eu o levei ao shopping no dia seguinte e ele voltou para casa, depois do show, com uma mochila cheia de roupas novas e muitíssimo satisfeito. Na próxima vez que conversei com ele, me pediu uma bicicleta nova.

16
Você é a máquina

Muitas pessoas com Asperger têm afinidades com máquinas. Às vezes, eu acho que podemos nos relacionar melhor com uma máquina do que com uma pessoa. Talvez porque possamos controlá-las, nós não interagimos com elas como seres iguais. Elas são previsíveis. Elas não me enganam e nunca são sacanas.

Eu tenho um monte de problemas para entender as pessoas. Não sou muito bom em olhar para elas e saber se elas gostam de mim, ou se estão loucas da vida comigo, ou se estão esperando que eu diga alguma coisa. Esse é um tipo de problema que não tenho com máquinas.

Vou tentar explicar como são as coisas.

Imagine-se num concerto de rock, com os ingressos esgotados. Você está de pé sobre uma plataforma, que aloja os controles de som e dos sistemas de iluminação. Você olha para o palco sobre um mar de cabeças. Está tão escuro quanto breu, mas ainda assim consegue enxergar os sinais de Não Fumar nas extremidades do estádio. De vez em quando, sente o cheiro de maconha no ar e quando olha para cima, o teto do estádio é tão alto que poderia haver nuvens lá em cima.

Ao seu redor, a multidão está se movimentando. Os ponteiros de laser e os isqueiros estão piscando como vaga-lumes. A multidão é como um gigantesco organismo e você se sente bem, na plataforma um pouco acima dela, com uma cerca para manter as pessoas à distância.

Mesmo com nada acontecendo, eles são barulhentos. E você sabe que o comportamento da multidão pode se transformar em um piscar de olhos. Você fica de ouvidos abertos, tentando perceber se não há nenhum tiro de arma de fogo. Fica preocupado com alguém portando facas. Você olha para baixo para ver se a segurança ainda está em frente de sua plataforma. Aí, se acalma ao vê-los, dois pesos-pesado com camisetas pretas que dizem "SEGURANÇA", em letras grandes.

É uma sexta à noite, está mais de trinta graus lá fora. Antes do show, o cara da produção disse que havia noventa e duas mil pessoas no estádio, e a fila de pessoas tentando entrar se estendia por mais de 600 metros. Você gostaria de dar uma caminhada, mas atravessar essa gente toda para chegar à porta não é uma perspectiva atraente. Você treme ao pensar o que aconteceria se houvesse um incêndio.

Quanto mais tempo as luzes ficam apagadas, mais a multidão se torna impaciente. Se eles se revoltarem e começarem a brigar, você sabe que será o primeiro que eles atacarão. A plataforma é vulnerável e nem os seguranças conseguiriam segurar uma multidão enlouquecida.

Você, o diretor de iluminação, o cara do som, o gerente de produção e o chefe da brigada de incêndio estão em pé na plataforma. Está na hora. O LED vermelho pisca na sua frente. O diretor de iluminação diz, "Está na hora do show, moçada." Você se debruça e acende as luzes. A primeira vez que você pressiona o botão, sente um frio no estômago... *E se nada acontecer? E se não funcionarem?*

Mas, em seguida, as luzes passeiam pelo palco e seguem até você, sobre a multidão. Tudo funciona. As *suas* luzes.

É como mágica, embora você não pense nisso como mágica, porque sabe como funciona cada peça e sabe que não existe nenhuma magia envolvida. Apenas princípios básicos de engenharia. Você trouxe à vida milhares de peças individuais – lâmpadas, refletores, interruptores de circuito, cabos elétricos, grampos e armações – e transformou-os em uma coisa viva. E você se tornou o seu mestre.

A eletricidade é o alimento e você é o cérebro. Você se tornou parte da máquina. Enquanto permanecer com ela, a máquina ficará viva. Sem você, ela reverterá para aqueles componentes inertes. Mas se ela se queimar enquanto você estiver no comando – talvez porque tenha cometido um erro – será a morte.

Tornar-se o cérebro do sistema de iluminação exige foco e concentração. É fácil de dizer, "Aperte o botão e as luzes se acendem", mas a realidade é muito mais complexa. As luzes devem ser acesas suavemente, para mantê-las sem queimar. Se você fizer as coisas rápido demais, poderá sobrecarregar o sistema e queimar um disjuntor, e você ficará com o nada. Escuridão. O pior pesadelo no meio de um show. Na escuridão é quando ocorrem os motins, e você não deve nunca, nunca mesmo, deixar que isso aconteça. Você deve desenvolver um sexto sentido para se conectar com o sistema, para sentir como ele está funcionando.

É o que você está fazendo agora. Cones de luzes coloridas, descendo do teto para o estádio, varrendo o público. Eles se movem como em um constante balé que segue a música. As máquinas de fumaça atrás do palco geram uma névoa, onde suas luzes podem criar novos padrões.

Você sente um arrepio quando as luzes se movimentam, em resposta ao seu comando. Um milhão de watts de iluminação vem à vida, apenas movendo seus dois dedos. Basta um gentil empurrão e será gerada uma potência suficiente para iluminar todo um bairro. Agora, todas as suas energias mentais estão focadas no sistema de iluminação. Depois que o show começar, não haverá mais tempo para sonhar acordado. Você tem que saber qual a cor e qual o ponto focal de cada uma das 300 lâmpadas penduradas nas armações.

Agora que está trabalhando, a sua concentração é tão intensa que você nem ouve o show. Você não vê a multidão. Ao invés disso, está vendo cada uma dessas centenas de luzes como indivíduos, e precisa mantê-los na seqüência da música. É como tocar um enorme instrumento musical, e suas mãos nunca param de se deslocar pelos controles.

Quando o show começou, tudo aconteceu de uma vez. As luzes surgiram, os canhões dispararam e a banda começou a tocar. Ao seu lado, o engenheiro de som olha os relógios mudando de verde para vermelho. O chefe da brigada de incêndio sacode o medidor de decibéis na frente do produtor. Está muito alto para conversar. O medidor mostra 124 decibéis, o mesmo de jatos decolando. Está alto demais para ser legal, mas ninguém ouve o chefe. A multidão urra e a música fica ainda mais alta.

E nunca é o suficiente. Você sempre pode ter luzes mais brilhantes, amplificadores maiores. Estas são máquinas que funcionam a 100 por cento, a cada show. Um milhão de watts de potência sob seu dedo. Não há nada igual no mundo.

17

Rock and roll all night

O retorno do KISS às turnês foi no verão de 1979. O primeiro concerto estava previsto para acontecer em Lakeland, Flórida. Eu estaria lá.

Eu vinha trabalhando em uma nova coleção de guitarras com efeitos especiais para Ace. Tex e eu nos juntamos a Steve Carr para tornar minhas criações eletrônicas factíveis. Carr tinha feito as decorações e o acabamento final, e Tex fazia o teste das guitarras. A banda acabara de lançar o álbum *Dynasty* e algumas canções estavam subindo nas paradas de sucesso.

Para esta turnê, a banda estaria usando apenas novos equipamentos. O palco era novo. Os efeitos eram novos. As fantasias eram novas. E todas as guitarras especiais que criamos eram novas. Tudo era muito excitante, exceto a preocupação – será que vai funcionar?

Uma semana antes do primeiro show, o resto da equipe já havia chegado, menos eu. Tex e o produtor me ligavam todos os dias e eu estava em um estado de grande ansiedade.

"Estamos todos aqui esperando, cara," Tex dizia. "A turnê vai começar!"

Finalmente, cheguei ao aeroporto de Orlando dois dias antes do show. Quando desci do avião, encontrei-me cercado por centenas de mães e crianças vindo para uma grande semana na Disney World. Eles eram barulhentos, grosseiros e cheiravam engraçado, mas mantinham uma distância respeitosa de mim.

Fora do terminal, o calor era como o de uma sauna. Eu tinha voado de primeira classe, e agora alugara um Lincoln, o carro com melhor ar-condicionado que eles tinham. Faturei tudo contra a banda. Se essas guitarras dessem certo, eles pagariam qualquer fatura que eu apresentasse. Mas, se não funcionassem, uma nova vida no Caribe me esperava, a apenas uma hora de avião.

Fui para o hotel, um prédio de dois andares com estuque rachado, mofo e um mau cheiro perceptível, situado na borda de um pântano. Tudo na Flórida estava à beira de um pântano. Deram-me um quarto no primeiro andar nos fundos, com duas camas e uma TV. O hotel não era o que eu esperava, não se confirmava, principalmente neste estado, como sendo parte de uma rede de luxuosos hotéis. As camas eram duras, as cadeiras pouco confortáveis... Era o tipo de lugar onde você não devia colocar as mãos onde não pudesse ver. Este é um lugar onde até os adultos mijavam na piscina. Mas tudo bem, só ficaria por duas noites, mesmo...

Depois de fechar a porta, tirei as guitarras da mala e coloquei-as para carregar, sobre a cama. As baterias deviam ser recarregadas por pelo menos uma hora antes se serem utilizadas, e enquanto isso, peguei meu revólver, que estava no fundo da mala, e o pacote com as balas – já naquela época, era contra a lei transportar uma arma carregada em um avião – bem... então decidi carregar a arma, e assim feito, prendi a arma sob o fundo falso da minha pasta Halliburton.

Quando as guitarras estavam prontas, eu peguei uma delas e dei um rápido toque na alavanca. Ela veio à vida, com feixes de luz que se deslocavam sobre a face da guitarra. Todas as 750 pequenas lâmpadas pareciam estar funcionando. Eu podia sentir o calor das luzes na minha mão,e desliguei tudo para economizar a carga da bateria.

Quando cheguei ao estádio, a maioria das tarefas estava pronta. Alguns dos rapazes rodeavam um bufê, e dois carpinteiros estavam atrás do palco, desenhando carreira após carreira de coca. Eles perguntaram se eu queria um pouco. O pó poderia mantê-los em movimento, mas eu já estava alerta o suficiente. Com todas as preocupações, se minhas coisas iriam dar certo ou não, não precisava de droga para ficar aceso.

Levei as guitarras ao camarim, aonde Tex e Paul vieram vê-las pela primeira vez. Todos sorriram quando Tex fez as luzes acenderem e uma multidão se reuniu por ali, nunca tinham visto nada parecido. Alguém desligou as luzes do teto, quando Ace chegou.

Ele pegou a guitarra e girou-a cuidadosamente em suas mãos, como se fosse um ser vivo e pudesse mordê-lo. Eu podia compreender a razão de ter agido assim. Quando você a segurava, podia sentir o calor das lâmpadas sobre a pele de suas mãos, para cima e para baixo, à medida que os padrões das luzes se modificavam.

"Ficou do caralho!" Nós levamos as guitarras ao palco e as conectamos na pilha de seis amplificadores Marshall de Ace. Os sons encheram o vazio do estádio. Ele adorou e eu me senti orgulhoso e aliviado.

Havia ainda mais uma noite antes do show.

O KISS ia tocar num palco feito sob medida, e eu precisava de um local para colocar as guitarras de Ace. Expliquei ao chefe dos carpinteiros tudo o que era necessário... que eu precisava... e ele disse que faria naquela noite. "Mas isso é um puta favor. Você me deve um galão de Gin Tanqueray", disse. O que eu poderia fazer, senão concordar? Voltei para meu hotel e dormi pesadamente.

Quando acordei, o sol estava brilhando através das minhas janelas. Meu quarto era no térreo e dava para um gramado, que descia ao longe, até algumas altas gramíneas perto do pântano. Encontrei uma placa no gramado, a cerca de dez metros da porta:

CUIDADO
RÉPTEIS
NÃO PROSSIGA ALÉM DESTE PONTO

Eu não havia notado a placa antes, mas também, não tinha prestado atenção a muita coisa, a não ser as guitarras. Pensando em tirar uma foto, abri a porta e quase pisei numa enorme cobra moccasin preta, tomando sol no pátio. O *meu* pátio.

Era enorme e larga como a minha perna. A serpente me viu, e rapidamente recuou e abriu a boca, pronta para atacar. Eu já tinha visto cobras como essa antes, na fazenda de meus avós. Outras cobras fugiriam, se tivessem a oportunidade, mas as moccasins ficariam no mesmo lugar, ou atacariam. Esta devia estar pensando em atacar, então voltei para o quarto, fechei a porta e refleti sobre o que fazer em seguida.

Na primeira vez que vi uma cobra venenosa, eu devia estar com uns oito anos de idade. Mesmo assim, eu soube exatamente o que fazer. Voltei para casa, li tudo sobre elas na enciclopédia e me familiarizei com cada espécie de serpente. Sabia bastante sobre cobras venenosas, como as moccasins, a cabeça-de-cobre ou as cascavéis, e sabia também que havia outras serpentes ainda mais perigosas.

Quando criança, eu tinha lido que o risco de morte por picada de cobra era menor do que o risco de afogamento em uma piscina, ou de morrer em um acidente de carro. Mas essas estatísticas não se aplicavam ao dia de hoje. Hoje, havia uma serpente peçonhenta e feroz a um metro de distância, com apenas uma porta nos separando. Eu tinha de fazer alguma coisa. Se eu voltasse a dormir, iria chegar o pessoal de limpeza para limpar o quarto, e eles iam deixar a cobra entrar. Se eu quisesse um dia ter a chance de me afogar numa piscina ou morrer em um acidente de carro, eu teria que eliminar a serpente, ou passar por ela e continuar vivo.

Os nortistas dizem, "Por que é que as pessoas matam as cobras? Cobras são legais. Eles não vão ferir ninguém, se não provocadas." Aqui no Sul, eles não dizem coisas como essa. Eles sabem. Na fazenda de meu avô, um empregado espantou uma moccasin com um pedaço de pau, achando que ela iria embora. Que nada, como um relâmpago, ela subiu pelo pau e picou a mão dele, que ficou roxa. Ele quase morreu.

Meu bisavô já dizia que a melhor coisa para uma serpente é uma espingarda de seis tiros. Bem, eu não tinha uma espingarda, mas tinha outra coisa. Fui até a mala e peguei meu revólver. Esvaziei o tambor e o recarreguei com *snake shots*. *Snake shot* é um cartucho carregado com pequenas bolinhas de aço, como se fosse cascalho. Você poderia perguntar: por que eu levaria esse tipo de munição numa turnê de uma banda de rock? Não pergunte. Eu estava sempre armado, e eu passei os verões no Sul. Eu conhecia bastante o tipo de bicho que vivia nos pântanos da Flórida.

Estava pronto. Abri a porta, dei um passo para fora, baixei a arma e disparei dois tiros naquela cobra, antes que ela tivesse a chance de reorganizar seus pensamentos e viesse me morder. O primeiro tiro jogou-a para baixo e o segundo levou-a 3 metros para trás, na grama. Ainda dei mais 4 tiros, só para ter certeza. Enquanto a fumaça se dissipava, olhei em volta.

A serpente fora dividida em dois pedaços. Os banhistas na piscina tinham mergulhado para se salvar do tiroteio. Alguns continuavam na água, outros sob as cadeiras. Ninguém se mexia.

"Está tudo bem, amigos. Era só uma cobra!" Eu sorri e acenei a arma, de modo tranqüilizador.

Mas nem assim eles se mexeram. Só então me dei conta da cena: estava de cuecas, ao lado de uma piscina repleta de pais e crianças, balançando uma arma de cujo cano saía fumaça. Achei melhor voltar ao meu quarto.

Depois que me vesti, chamei o gerente e disse, "Havia uma cobra venenosa ao lado de minha porta, mas está tudo bem agora, porque eu a matei a tiros. Poderia mandar a faxineira limpar o pátio, por favor?"

Estava esperando pelos agradecimentos, mas o homem ficou louco da vida.

"Você ficou maluco, dando tiros em meu hotel? Pois você está em apuros, meu caro! Vou chamar a polícia e você vai para a cadeia!"

O delegado chegou em alguns minutos. Ele era grande, pesava uns 120 quilos e estava com aqueles óculos de sol espelhados que a polícia sulista adora usar. Sua aparência não era muito amistosa, mas eu sabia que era só aparência. Eu tinha conversado com ele no dia anterior, quando fomos ver os arranjos para a segurança do show. O delegado havia lutado no Vietnã e nós conversamos sobre os foguetes antitanque usados na guerra e como poderia usar a mesma tecnologia como efeitos especiais. Até mostrei-lhe alguns efeitos pirotécnicos que havíamos criado.

"O que aconteceu aqui?", perguntou, de modo pachorrento.

"Eu abri a porta e aquela cobra ia me morder, então atirei nela." respondi. "Para minha sorte, eu tinha uma arma e estava atento. Senão, poderia ter levado uma picada e a coisa teria ficado muito séria."

O delegado balançou a cabeça, concordando. Ele observou que a primeira marca de tiros no concreto estava a menos de um metro da porta, uma boa distância para uma picada de uma cobra mal-humorada. Virou-se para o gerente e disse:

"Sorte sua que este garoto estava preparado. Você estaria numa confusão dos diabos se a cobra tivesse picado uma criança!" Então, ele se virou para mim: "Com o que você atirou na serpente?"

Mostrei a ele o revólver. "É uma bela arma. Se eu não pudesse matar uma cobra com isso, teria me afastado lentamente e desejado um bom dia para ela." Ele não fez nenhuma pergunta sobre porque um garoto como eu carregava uma arma tão grande numa pasta dourada. Bem, todos nós tínhamos arma, estávamos na Flórida em 1979. O delegado foi embora.

Levantei acampamento para o Hilton, onde eu não teria mais problemas com répteis. Mas antes, insisti em um crédito pela diária do quarto, já que o lugar tinha sido claramente insatisfatório. A maneira firme e positiva como eu tinha lidado com a cobra venenosa convenceu o gerente da razoabilidade do meu argumento.

O incidente com a serpente tinha sido uma distração bem-vinda, mas eu ainda estava bastante preocupado com o desempenho de meu equipamento em seu primeiro show. Tex e eu checamos e rechecamos as guitarras, até a última hora. Fui para fora e caminhei em círculos em torno do edifício até o show começar, porque eu não conseguia ficar parado. A multidão crescia a cada minuto e lá pela minha terceira volta, deviam ter dez mil pessoas no estacionamento.

Caminhei em direção à entrada principal, onde cinqüenta ou mais motoqueiros mal-encarados tinham montado acampamento, enquanto esperavam os portões abrirem. Fui dar uma espiada nas motos. Um deles viu meu crachá e se aproximou. "Ei, cara, você consegue colocar meus amigos e eu lá pra dentro? Temos ácido e outras merdas, também."

Eu fiquei com medo de dizer que nunca havia experimentado ácido. Mais dois motociclistas se juntaram ao primeiro. Um deles usava uma pesada corrente em torno do pescoço. Eles eram muito mais sujos e fedidos do que eu jamais tinha visto. Até parecia que eles gostavam de cultivar sujeira.

"Você quer cerveja?"

Os policiais já estavam de olho, se perguntando se eles deveriam tentar prendê-los por terem aberto garrafas em público. Os motociclistas estavam de olho na lei, se perguntando se eles teriam culhões para tentar prendê-los por terem aberto garrafas em público. Até agora, era um empate.

Um motoqueiro sem os dentes da frente se aproximou lentamente. Ele sorriu. Eu estava cercado.

"Quantos de nós vão poder entrar?"

"Nós temos coisa boa."

"Você quer uma piranha? Temos muitas delas, se quiser. A Ellie aqui é quente." Ela também não tinha os dentes da frente.

Eu estava relutante em declinar a oferta pela motoqueira, porque os homens pareciam perigosos. Mas eu não estava interessado em uma mulher desdentada, mal cheirosa e, possivelmente, doente. Inseguro em como dar uma resposta educada, fiquei quieto durante alguns segundos. Isso lhes deu uma idéia errada.

"Você é viado?"

"Ok, amigos, vou ver o que posso fazer", eu disse. Peguei o meu crachá, fui para a porta da frente e esmurrei com força. Quando o segurança abriu, eu acenei o crachá em seu rosto, disse: "Obrigado", e corri para dentro, longe da vista, tão rápido quanto consegui. Não voltei para a frente, novamente. Estava aprendendo a lidar com as multidões.

Nos bastidores, eu não conseguia ficar quieto. A espera estava me matando e eu falava para mim mesmo: *Será que minhas coisas vão funcionar? Quando falta ainda para o show começar?* Fui para a porta de trás, esperando encontrar ar fresco. Mas não tinha. Como não vi nenhum membro da gangue de motos, saí.

Agora havia uma multidão reunida para ver a banda chegar. Escondi meu crachá e pude ver muita gente vestida como o KISS, meninas de 10 anos com suas mães e até um sujeito vestido como um mágico medieval. Voltei para dentro e fui até a frente do palco. Os seguranças patrulhavam a área como guardas de prisão e alguns deles levavam cassetetes. Eu, levava minha arma. Estávamos prontos.

Finalmente, o show começou. A banda tocou duas músicas e logo, chegou a hora. Ace pegou sua guitarra fumegante e eu parei de respirar, enquanto ele fazia seu solo e começou a girar o botão que detonava as bombas. Quando acionou a alavanca, a luz brilhante jorrou pela abertura junto com a fumaça branca.

A platéia aplaudia! A minha guitarra! Eu estava aliviado, e quase desmaiado enquanto Ace finalizava o solo e a música chegava ao fim. As luzes diminuíram um pouco e Ace trocou de guitarra para a canção seguinte. Ainda havia mais uma de minhas criações...

Algumas músicas depois, finalmente ele a pegou e virou de costas para a platéia enquanto a ligava. Todo o palco estava às escuras. Todo mundo conseguia ver alguma coisa piscando, mas ninguém sabia o que era. Ace acendeu a guitarra nos acordes iniciais de "New York Groove" e virou-se para frente. A platéia incendiou-se ao ver a guitarra cheia de luzes como uma nave espacial, e aquele foi, provavelmente, o momento mais importante da minha vida, uma audiência daquele tamanho respondendo à minha guitarra daquele jeito. O número foi o sucesso do show e estava em todos os telejornais naquela noite. Pelo menos uma vez, todo mundo me adorava.

Nos bastidores depois do show, Ace me cobria com perguntas sobre guitarras. "Você consegue fazer uma que solte foguetes? E que tal uma guitarra laser? Será que você consegue fazer a guitarra que solta fumaça voar? E se a gente a explodisse no final da música?"

"Claro, nós podemos fazer tudo isso." Eu soava confiante, embora a minha cabeça estivesse girando. Mas eu sabia que poderia fazê-lo. E eu estava certo que Jim e Ursinho iriam ajudar. Ace tinha cinco Les Paul novinhas de reserva, então pequei uma e fui planejar os próximos passos.

No dia seguinte, me sentia uma nova pessoa. Estava com tanto medo que as coisas dessem errado e, no final, nada disso aconteceu. De repente, eu estava no topo do mundo. A turnê estava começando, e só então percebi que havia chegado à Flórida sem roupas de baixo, apenas com um par de calças e duas camisetas. Eu precisava de roupas limpas.

Duas horas e quinhentos dólares mais tarde, estava transformado. Tinha me livrado dos jeans rasgados e camisetas de motociclistas. Agora eu tinha uma respeitável variedade de shorts e camisetas com jacarés e cavalos estampados. Se em Orlando tivesse um iate clube, eu poderia passar despercebido pelos sócios. Agora, poderia visitar outras cidades sem que as pessoas se afastassem lentamente quando me vissem aproximando.

Até pensei em cortar o cabelo, mas resolvi tomar um banho e almoçar. A garçonete sorriu para mim.

"Quero dois hambúrgueres, uma sopa de legumes e quatro copos de chá gelado. E um brownie daqui a pouco." Silêncio. "Obrigado." Eu estava tentando lembrar-me de ser educado, e ainda assim ser capaz de fazer o pedido de maneira eficiente. Afinal, eu queria comer.

Eu tentei entregar aquele galão de gin após o segundo show, mas não deu certo. Enquanto estava arrumando meu equipamento, fiquei assustado com um tumulto à porta. Era a polícia, atrás de drogas. Eles vieram direto aos bastidores. Enfiei-me atrás das caixas de equipamento, tentando ficar o menos visível possível, e esperei. A polícia saiu logo depois, levando os dois carpinteiros algemados e mais um saco com alguma coisa. Tex disse: "Eles estão com quase meio quilo de pó no saco." Bem, eles não precisariam daquele gin no lugar para onde estavam sendo levados. Carreguei aquele garrafão ainda mais um mês, até encontrar para quem entregar.

Fiquei com a turnê dali em diante. Era uma vida dura, mas foi emocionante, e me senti bem ao ver como as pessoas reagiam às minhas criações. Era uma vida extravagante, também, algo que eu nunca tinha experimentado e realmente não sabia como me encaixar naquilo. Em vários shows na Flórida, os traficantes traziam amostras grátis.

"Aqui, pegue algum." Eles tinham bandejas com carreiras de coca, e tigelas cheias de bagulhos em cima das mesas. Enormes tigelas, daquelas onde se colocam biscoitos em casa. Eles também tinham pílulas. Tudo o que você quisesse, eles tinham.

E isso não era tudo. As madames também traziam amostras grátis. As pessoas me perguntavam, "Você pega um monte de meninas nas turnês?" Elas pareciam achar que as garotas se atiravam em mim. Mas não era bem assim. Eu ainda continuava muito tímido para iniciar uma conversa com as pessoas, especialmente garotas, e nunca pensei em passar uma noite com alguém para quem deveria dizer adeus no dia seguinte. Isso tudo me parecia muito estranho.

E, evidentemente, eu tinha uma namorada. "Quem liga pra isso?" O pessoal gozava com a minha cara. "Quando saio de casa, começa a estação de caça e pego toda a mulher que conseguir!" Eles alardeavam. De alguma forma, eu simplesmente não podia abraçar esse conceito. A idéia de conhecer e fazer amizade com uma pessoa atrás da outra era ainda assustadora, para mim.

Será que alguma das meninas havia se interessado por mim? Jamais saberei. Minha sensibilidade em relação às ações das outras pessoas era tão limitada que qualquer atitude desse tipo passou desapercebida. Eu me sentia solitário quando via um casal juntinho, mas não conseguia ver nenhum jeito de mudar essa situação, então continuava me arrastando...

Quando as pessoas ficavam bebendo ou se drogando ao meu redor, ficava confuso. Eu não gostava de me sentir sem controle, além de estar cansado de ver pessoas fazendo coisas absurdas enquanto estavam bêbadas e não se lembrar de nada, no dia seguinte. O simples pensamento de que eu poderia fazer a mesma coisa me causava repugnância. Então, ficava sem saber o que fazer.

"Relaxe, cara. Cheire essa carreira. Tome um gole!" Um observador poderia dizer que as tentações estavam me cercando, mas para mim, nada disso era realmente tentador. Cheguei a cheirar umas poucas carreiras e beber alguns drinques, mas só para ser gentil. Nunca senti vontade de encher a cara ou cheirar toda a coca do mundo, simplesmente porque não gostava do efeito que essas coisas me causavam.

Nas poucas vezes em que me senti alterado pela bebida ou pelas drogas, fechava os olhos, o mundo começava a girar e eu dizia a mim mesmo, *Quando essa merda vai acabar? Por que fui fazer isso?* Em muito pouco tempo eu superei isso, se a palavra certa for essa, *superar*. Desisti das drogas e da bebida, e não recomecei.

Um dos pontos altos de qualquer turnê é ser escalado como a atração principal do Madison Square Garden. Nós fizemos vários shows lá durante a turnê. Uma noite, o pessoal estava arrumando as guitarras de Ace, um dos foguetes detonou e queimou os dedos de Tex. Não havia nenhuma guitarra reserva desse tipo, então tive que correr para consertar.

"Se você ferrar tudo e nos atrasar, vamos ter que pagar uma multa de 10 mil dólares o minuto. Anda logo com isso!" Fritz, o gerente de produção, estava me apressando.

Eu não estava ferrando com tudo, eu estava salvando a pele dele. Corri o mais que pude, não nos atrasamos e deu tudo certo.

Em 1980, meus efeitos especiais já eram parte do show. Cada um dos membros da banda tinha um truque. Gene voava pelo ar e cuspia fogo e sangue. Ele também tocava um contrabaixo no formato de um sangrento machado de batalha. Paul tinha uma guitarra espelhada que refletia as luzes do palco. Ace usava minhas guitarras personalizadas. A cada show, ele começava a "2000 Man" tocando uma Les Paul preta comum. No meio da música, ele ia até um dos lados do palco e trocava de guitarras, pegando a fumegante. Ele começava o seu solo, e então girava o botão que lançava as bombas de fumaça e as luzes. A guitarra realmente parecia que tinha pegado fogo.

Você poderia até dizer que Ace acendia a sua guitarra apenas por ouvir a platéia. Eles adoravam. Sabíamos que muitos fãs do KISS vinham pelo espetáculo, então eu fazia o melhor para não decepcioná-los. Depois de alguns shows, aperfeiçoamos o número ainda mais.

Uma segunda torção da alavanca detonava uma bomba ainda maior. Ace quase desaparecia na nuvem de fumaça, que se espalhava por todo o estádio, e o calor queimava as cordas enquanto ele continuava a tocar. A platéia vibrava quando cada corda queimava até o fm, fazendo um *ping*.

Nessa altura, descíamos um cabo invisível até o palco. Ele tinha um poderoso ímã acoplado na ponta e era controlado por controle remoto.

A guitarra tinha um gancho de aço para poder se prender ao cabo. Ace balançava a guitarra no fim do seu solo, como se estivesse cortando o ar com ela. Quando ele percebia que o cabo se prendia ao gancho, ele jogava a guitarra para cima em direção ao público e ela girava em torno de si. Um dos membros da equipe passava a enrolar o cabo lentamente, de modo que a guitarra fosse oscilando e subindo no ar. Enquanto isso, eu estava de pé, ao lado, com um rádio-controle que retirara de um aeromodelo. Então, passava a acender e apagar as luzes, como se fosse um farol, girando e piscando a vinte metros do solo.

Enquanto todo mundo assistia, Ace pegava a terceira guitarra para encenar a última parte do ato. Essa guitarra era idêntica às outras duas e tinha um tubo lançador para três foguetes, conectado ao braço da guitarra. Ace recomeçava o solo, então parava em frente ao palco, batia o pé, virava a guitarra para a esquerda e disparava o primeiro foguete. O público ouvia o som de uma explosão e via uma labareda saindo do braço da guitarra. Nós tínhamos pendurado um pouco de pólvora com confete bem acima da platéia e explodíamos o saco quando ele atirava, dando a ilusão de que realmente tivesse disparado um míssil. O público adorava, era um belo efeito.

Então ele virava à direita e disparava, e nós explodíamos mais um pouco de confete. Enquanto os confetes dos dois primeiros disparos estavam caindo sobre o público, Ace apontava sua guitarra para o tiro final: para a guitarra que queimava lá no alto. Quando ele disparava a última carga, eu usava o rádio-controle para cessar a fumaça e as luzes. Tudo ficava no escuro, então a multidão acreditava que Ace havia destruído a guitarra presa no alto.

Isso funcionou muito bem, até o show no Estádio Olímpico de Munique. Naquele show, a carga do foguete realmente atingiu a guitarra fumegante, e ela caiu e se estilhaçou na frente do palco. Houve uma confusão quando os jovens se atiraram para agarrar pedaços da guitarra. Não sobrou nada.

Voltei para casa para fabricar um novo instrumento e então voei de volta para a Alemanha. Comprei dois bilhetes de primeira classe – um para mim, o outro para a guitarra.

18
Um emprego pra valer

Até o final da década de 70, apesar do meu sucesso com o KISS, eu mal e mal estava sobrevivendo. Eu trabalhava para as grandes bandas, mas elas só precisavam de mim durante as turnês. Quando voltava para casa, o dinheiro acabava e eu estava logo quebrado.

No Texas, comi requintadas refeições em porcelana chinesa, servidas por garçons vestidos perfeitamente. Em Atlanta, jantei em salões decorados com pinturas a óleo de corridas de cavalo e jóqueis. Limusines e aviões privados me levavam de um lugar para outro. Tudo isso pago pelas bandas.

Em minha cidade, Amherst, eu tinha um Cadillac Eldorado conversível, mas não podia pagar a gasolina. Eu comia Miojo com queijo. Pegava sobras de pizza no Bruno's e roubava sobremesas. Em vez do Plaza Hotel, com a sua bela banheira de mármore, morava no 288 da Federal Street, com uma pia de plástico.

Não era muito difícil viver como um falido. Qualquer apartamento era melhor do que viver sob uma árvore, como na primeira vez que saí de casa. A parte mais difícil era viver o contraste entre ser rico um dia e estar quebrado, no outro. Era como ser inteligente, e acordar no dia seguinte burro como uma porta, mas capaz de se lembrar do seu ex-cérebro. O que eu precisava era de estabilidade. Eu precisava de 200 dólares por semana durante dez semanas, não 3000 dólares num dia e zero por três meses.

"Cara, você devia se mudar para Los Angeles! Você poderá trabalhar em filmes comigo".

"Você devia mudar-se para Nova York, assim terá mais trabalho do que imagina."

Todo mundo estava cheio de conselhos bem-intencionados sobre onde eu deveria morar e/ou o que eu deveria fazer. Eu era constantemente lembrado de meu futuro brilhante se fosse para a cidade grande. Mas eu tinha crescido no interior. Meus lugares favoritos eram as paisagens da Georgia e as matas em Shutesbury. Não gostava de cidades. Elas estavam cheias de pessoas – pessoas que me deixavam ansioso, pessoas com as quais eu não sabia como me relacionar. Entendia os animais, e eu compreendia o campo. Sentia-me seguro na floresta. Nunca me senti seguro em uma cidade ou no meio de uma multidão.

E eu tinha alguém para pensar. Ursinho estava na universidade em Amherst, e nós estávamos morando juntos. Ela não podia abandonar a faculdade, e eu não podia abandoná-la.

É assustador, mas e se eu me mudar? Fazia-me essa pergunta, pelo menos, uma vez por dia. Nada na minha vida tinha durado. Eu tinha caído fora da escola. Minha família tinha se esfacelado. O pensamento de iniciar uma nova vida a 3000 quilômetros de distância era aterrorizante.

Também tinha medo de deixar os meus pais. Por mais que desgostasse deles, não gostaria de ir embora e descobrir mais tarde que eles tinham se enfiado num buraco e morrido lá dentro. E havia o meu irmão, também. Enquanto ele estivesse vivendo com Dr.Finch, sentia que eu precisava permanecer nas vizinhanças, a postos.

Meu pai ligava todas as semanas.

"Filho, eu sinto muito ter sido um fardo para você. Você não tem que se preocupar comigo nunca mais." Suas palavras eram mastigadas, mas isso não importava. Ele sempre dizia as mesmas coisas. Ele telefonava, bêbado, no chão de seu apartamento e, em seguida, soltava o telefone. Eu tinha de ir até lá e ver o que ele estava fazendo. Estaria morto ou apenas desmaiado? Vinho, cigarros e lixo estavam por toda parte. Era como cuidar de um bebê.

"Saia do chão ou eu chamo a polícia. Levante-se! Agora!"

"Sinto muito, John, é que é tão difícil..." Ele estava bêbado e balançando, mas saía do chão. Em apenas cinco anos, ele mudou de um pai agressivo para um bebê chorão. Ele tinha atingido o fundo do poço. Meu pai estava quebrado. Tinha perdido sua casa e sua família. Nesta fase, trabalhava como guarda de segurança no Hampshire College para pagar as contas.

Visitar a minha mãe foi pior. Ela havia se mudado para um apartamento na cidade e ainda estava namorando mulheres. Sua nova namorada podia ser minha tia. E algumas das outras mulheres que eu vi lá eram mais acólitas do que namoradas.

Às vezes, as coisas ficavam mais estranhas do que isso. "Essa é a minha filha, Anne. Ela é a sua nova irmã", ela me disse um dia. Será que ela realmente acreditava nisso? Será que ela acreditava que uma garota qualquer, que ela havia colocado dentro de casa e por quem se dizia apaixonada, era sua nova filha? Ela estava perdendo a cabeça. Novamente. Pouco tempo depois, minha mãe estava de volta ao hospital, e minha "irmã" tinha jogado suas coisas no quintal e assumido a casa.

Sentia muita vergonha de ter que dizer a um estranho – ou mesmo a um amigo – o que os meus pais eram, realmente. "Meus pais ensinam na universidade", eu dizia. "O meu pai dá aulas de filosofia", gostaria de informar às pessoas. Tentava fazer com que eles parecessem limpos e agradáveis, e não acorrentados a uma parede, espumando como cães raivosos, por trás de quatro camadas de portas reforçadas, o que era mais próximo da verdade.

Pelo menos Ursinho sabia como eles eram.

Eu estava por minha própria conta e precisava de um emprego, agora. Então, decidi fazer alguma coisa sobre o assunto. Jim Boughton e eu começamos a instalar sistemas de som e luz nas boates locais. Começamos na zona sul da cidade e expandimos para Springfield, Boston e Hartford. Os trabalhos não pagavam muito, ou nós não sabíamos cobrar muito, mas tínhamos um trabalho regular. Ir numa discoteca, ao meio-dia, para instalar equipamentos de som é muito diferente de entrar no mesmo lugar à meia-noite. É completamente tranqüilo, e não há luz natural, porque as janelas e portas estão pintadas de preto para evitar que as pessoas olhem pra dentro. O local cheira a tabaco e há bebidas alcoólicas derramadas em toda parte, exceto nos banheiros. Aí, o cheiro de urina e vômito é mais forte. Uma fina película de fumo e suor cobre todas as mesas.

É o suficiente para ganhar a vida, disse eu. *E ainda é música*. Começamos retornando à noite para admirar nossas criações. Ursinho raramente vinha conosco. Íamos a um clube, ficávamos trinta minutos, e depois íamos para outra boate.

Nunca pus os pés no salão, a menos que eu estivesse consertando ou ajustando algo. Eu não sabia dançar, era muito desajeitado, e estava certo de que iria parecer inacreditavelmente estúpido se o fizesse. Tinha aprendido a não me colocar em situações onde as pessoas rissem de mim. Enfim, eu era muito tímido para tirar alguém para dançar, e também temeroso de aceitar se alguém me chamasse. Eu via pessoas cheirando carreiras de coca bem em frente à cabine de som e dopadas, pelas escadas e corredores.

Heroína era algo assustador. Eu tinha lido que você podia se viciar com apenas algumas poucas picadas, e sabia como os adictos viviam, jogados nas calçadas e caídos perto das lixeiras. *Sem chance nenhuma de passar por isso*, eu pensei. Era algo ainda pior do que as bebedeiras de meu pai.

Observava tudo com o mesmo desprendimento que eu tinha aprendido a sentir quando era excluído das brincadeiras, aos cinco anos. Ninguém se aproveitava de mim, mas eu ainda não podia integrar-me aos grupos ao meu redor. Eu queria fazer amigos, mas não pretendia integrar-me nas atividades que esse pessoal fazia. Então, eu só assistia. E trabalhava.

O problema é que os efeitos que eu criava estavam ficando cada vez mais complexos. Estava começando a usar microprocessadores nos meus projetos, mas não tinha dinheiro para bancar o equipamento para fazer e testar meus circuitos em casa. Eu precisava de um laboratório, mas relutava em voltar para a universidade, porque eles queriam me matricular em algum curso regular, coisa que não estava a fim de fazer de novo.

Foi então que percebi que a única chance seria conseguir um emprego de verdade e passei a ler os classificados de “Procura-se engenheiro eletrônico". A maioria dos anúncios parecia ser de lugares muito chatos para trabalhar. Mas um deles me pegou, tanto que me lembro até hoje:

PROBLEMAS COM DINHEIRO?
PROBLEMAS COM MULHERES?
FUGITIVO DA JUSTIÇA?
SEU LUGAR É NA LEGIÃO ESTRANGEIRA

Pensei que fosse uma piada, mas não era. A Legião Estrangeira estava mesmo atrás de mercenários. Pena que eu não estivesse procurando aquilo que eles ofereciam: aventura, disciplina, companhia masculina e a chance de lutar longe de casa.

Voltei a procurar anúncios locais, mesmo. Controle de Processos. Teste de jatos. Controle de Qualidade... Mas não conseguia me ver trabalhando em nenhuma dessas atividades e, o mais dramático, eu não sabia o que queria dizer a maioria das descrições de cargos. Finalmente, no jornal de domingo, encontrei:

ENGENHEIRO ELETRÔNICO
SEJA PARTE DA EQUIPE QUE VAI CRIAR A MELHOR
GERAÇÃO DE JOGOS ELETRÔNICOS

Esse era o emprego para mim. Liguei para eles imediatamente e eles me pediram que enviasse um currículo. Currículo? Nunca tinha feito um, antes. Então, fui procurar me informar sobre como se fazia isso e, no dia seguinte, enviei meu histórico. Acho que estava bom, porque fui chamado para uma entrevista.

No dia marcado, coloquei um terno e fui até lá. Na verdade, aquele era meu único terno, comprado quando o KISS foi entrevistado na TV. Foi debitado na conta da banda, então devia agradecer a eles por minha aparência elegante na minha primeira entrevista de emprego. Foi um longo dia de perguntas e respostas.

Comecei conversando com Paul, o gerente de Pesquisa e Desenvolvimento. Em seguida, encontrei-me com Klaus, o engenheiro sênior. Então falei com Dave, o matemático que estava concebendo o sistema de fala dos games. Finalmente, conversei com Jim, o vice-presidente do grupo. Era uma sorte incrível para mim que as coisas que eles queriam eram as coisas que eu conhecia mais. E, ainda melhor, não tinham encontrado um único candidato com algum conhecimento de efeitos sonoros.

Claro, eu fiz parecer que criava meus dispositivos de efeitos sonoros em um verdadeiro laboratório, como o deles – e não sobre a minha mesa da cozinha, ou em um quarto de motel, ou no chão, da maneira como realmente acontecia. Nessa altura, estava muito preocupado com a minha falta de legitimidade, mas agora eu sei que não importava onde eu criasse essas coisas. O que importava é que eu tinha feito isso. Eu tinha feito isso para o KISS e eu poderia fazer para eles.

"O que você sabe sobre filtros digitais?" Eles perguntaram. Nada, mas eu aprendo rápido, pensei. "O que você sabe sobre os efeitos sonoros?" Isso eu conhecia muito. "Eu desenhei filtros para modificar os sons dos instrumentos musicais, e criei todo o tipo de processadores para gravação. Eu também desenhei circuitos para sintetizadores monofônicos e polifônicos..." Quando começava a falar sobre esse assunto, não parava mais.

A carta chegou dois dias depois. Ela começava assim: "A Divisão de Eletrônicos da Milton Bradley tem o prazer de lhe oferecer o cargo de engenheiro em nosso Grupo Avançado de Pesquisa e Desenvolvimento. Seu salário inicial será de 25000 dólares por ano."

Eu não podia acreditar. Então, me senti orgulhoso, e também assustado. Respondi imediatamente e concordei em iniciar os trabalhos na segunda-feira seguinte. Achei melhor começar rapidamente, antes que eles mudassem de idéia. Quando comecei a trabalhar, fiquei feliz em encontrar outros nerds e desajustados com quem eu poderia conversar. Enquanto eles tinham passado os últimos 4 anos da faculdade, eu os tinha vivido na estrada, em turnês.

Havia alguns engenheiros que eram um pouco mais velhos que nós, e eles faziam parte da chefia. Eu fui designado para Klaus, a quem tinha conhecido durante a minha entrevista. Ele era velho e irritadiço, mas extremamente perspicaz. Nos demos bem.

Eu nunca tinha trabalhado em uma organização antes, assim observei atentamente para ver como funcionava e onde me encaixaria. No topo da nossa organização, vinha o vice-presidente sênior, um alemão louro que usava ternos e não conversava com gente como nós. Ele tinha um grande escritório no outro extremo do edifício e um par de secretárias vigiando.

No nível logo abaixo, vinha outro VP, apelidado de Juice, que era um ex-militar e vivia dizendo que "o que nós precisávamos era um pouco da disciplina militar!"

O próximo nível corporativo na cadeia alimentar era ocupado por Paul, o gerente do nosso grupo. Paul acreditava que ele deveria sorrir e falar amavelmente conosco, então ele sorria o tempo todo. Eu não confiava nele. Nunca fui muito bom em ler as expressões das pessoas, mas eu sabia que as pessoas sorriam quando estavam felizes. Pois bem, ele não poderia ser feliz o tempo todo. Eu não estava feliz o tempo todo, e nem sequer era feliz na maior parte do tempo. Eu certamente não sorria o tempo todo. Porque ele sorria? Paul não parecia ser viciado em drogas. *Devia* ter algum problema com ele.

E, em seguida, vínhamos nós. Os engenheiros. Um dos primeiros rapazes com quem fiz amizade foi Bob Jeffway, que trabalhava na sala de desenvolvimento de produtos. Bob era o protótipo do nerd: alto, magro, com sinais de futura calvície. Eu rapidamente descobri que tudo era motivo de brincadeira para Bob. Pode ser que eu tenha sido o palhaço da turma no ensino médio, mas ele era o aprontão por aqui.

"Ouvi dizer que você está trabalhando para o Feiosinho." Bob tinha apelidos para todo mundo. O Juice. Mister Chips. Hooligan. O Focinhudo.

O nosso grupo devia projetar os primeiros brinquedos sonoros. Klaus me incumbiu de trabalhar em um conversor analógico-digital que ele vinha desenvolvendo. O conversor seria utilizado no laboratório para estudar padrões de voz e som.

Estava apavorado sobre o que eu iria encontrar em um verdadeiro trabalho. Mas quando eu comecei, foi fácil. Ninguém ficava mais em cima de mim com um chicote. Nunca mais ouvira coisas do tipo, "Rápido, mexa sua bunda. Precisamos dessas coisas agora!" Eles pareciam dispostos a me pagar para pensar em novos projetos no meu próprio ritmo, no meu próprio tempo. Era inacreditável.

O ar era limpo, não havia cheiro de suor. Ninguém andava armado, ou pelo menos eu não podia ver. Não havia gente bêbada caída pelas portas e as pias não eram usadas como mictório. Sem traficantes ou prostitutas no estacionamento, era seguro caminhar até seu carro depois do expediente.

Meus colegas não tinham idéia de como eles eram sortudos, achavam que tudo aquilo era direito adquirido. Durante a primeira semana de trabalho, resolvi que nunca mais voltaria à vida na sarjeta.

Dentro de um ano, já era responsável por meus próprios projetos. Eu parecia ter me adaptado ao mundo normal. Se tivesse cuidado, pensei, ninguém iria descobrir sobre o meu passado.

19

A visita da chefia

Agora que tinha um verdadeiro emprego, achei que devia me comportar com um adulto. Afinal, eu estava com quase vinte e três anos de idade. Eu era um engenheiro-projetista de uma grande empresa. E tinha um laboratório próprio, com equipamentos até mais avançados do que aqueles da universidade. Pela primeira vez na minha vida, passei a usar camisas de botão e uma gravata, todos os dias. E chegava quase na hora, na maioria das vezes.

O curioso é que eu estava trabalhando numa fábrica. É que a divisão de eletrônicos havia surgido da noite para o dia, e eles não tinham onde nos colocar. Mais tarde, nós iríamos trabalhar numa nova ala, muito agradável, porém nesse tempo essa área ainda estava em construção. Então, recebi meu crachá e entrava, todas as manhãs, pelo portão principal da fábrica, ao lado de 1.500 injetoras de plástico moldado e máquinas impressoras. Pelo menos os outros engenheiros e eu não precisávamos ficar na fila e bater o cartão de ponto, como os demais operários.

"Em breve vocês estarão fora da fábrica!" dizia o nosso chefe, Paul. O Juice e os outros chefões já estavam na nova sede. Mas até que a nova ala fosse terminada, estaríamos presos ali. Nós ficávamos exatamente acima das máquinas de moldagem, numa espécie de sótão.

Imaginem a cena: dezessete engenheiros, além de uma secretária, um gerente e um estagiário, presos no sótão, todos projetando de forma tão rápida quanto podíamos. No verão, aquilo era brutal, porque o calor das máquinas subia pelo piso e o calor do sol nos assava de cima. Nessas horas, costumava fugir para nosso laboratório, que ficava numa parte mais fresca da fábrica.

Vito era o supervisor dos técnicos do laboratório e, como engenheiro, eu era o chefe de Vito. Bem, mais ou menos. Vito era realmente ingovernável. Mas ele e eu trabalhávamos bem juntos. Tal como um bom sargento do Exército, Vito mostrou-nos como as coisas eram e funcionavam, na realidade. Por exemplo, Vito mostrou-nos como se livrar de um vendedor irritante, com grande talento.

Veja como funcionava: quando um vendedor deixava uma má impressão em Vito, ele diria: "Quando você conhecer o meu chefe, pergunte-lhe sobre a irmã. Ela acabou de ganhar o torneio de natação no colégio. Ele está realmente orgulhoso da menina."

O vendedor iria reunir-se comigo, e depois de alguns minutos, ele dizia, "Então, eu ouvi dizer que sua irmã é campeã de natação, hein? Eh, eh, eh." Ou alguma coisa similar. O vendedor me veria com uma expressão chocada e sem dizer uma palavra.

"Mas o que aconteceu? Eu disse alguma coisa errada?"

"Eu não acredito no que acabei de ouvir... Minha irmã teve pólio. Ela usa cadeira de rodas desde os cinco anos..."

As reações eram variadas. Às vezes, eu ouvia pedidos de desculpa, outras vezes apenas um silêncio constrangido. Depois de algum tempo, eu diria, "Bem, preciso voltar ao trabalho." E podia perceber o vendedor muito feliz em sair dali rapidamente. Eu o levava até a porta e, nesta altura, Vito teria desaparecido de vista a longo tempo.

Era assim. Nenhum vendedor agendava uma segunda visita depois disso.

Os técnicos trabalhavam perto das impressoras, que rodavam os quebra-cabeças em enormes folhas de papel cartão. Depois, essas folhas eram levadas a outras máquinas que as cortavam em centenas de pedaços, que depois eram empacotadas e embaladas, para serem despachadas às lojas. Os quebra-cabeças eram produtos de muito sucesso.

Nessa área tão longe dos escritórios, as regras habituais de decoração, linguagem e comportamento não se aplicavam. Afinal, éramos da fábrica, não dos escritórios executivos. Havia calendários de mulheres nuas nas paredes, lata de cerveja sobre as mesas e canivetes nas gavetas.

Paul, o gerente com o perpétuo sorriso, veio nos visitar uma manhã. "Gente, eu preciso que vocês limpem a sua área de trabalho. Nossos VPs estarão nos visitando em breve." Paul foi muito educado. Ele nunca disse palavrões ou levantou a voz. Mas bem que sabíamos o que ele realmente tinha vontade de dizer: "Olha, seus putos, este lugar é uma vergonha. Tirem essa bosta das paredes e limpem essa porra desse chão, assim ninguém irá para o olho da rua. *Agora*."

Os técnicos começaram a limpar as paredes e as mesas, colocando tudo atrás dos armários, assim, quando as visitas tivessem ido embora, recolocariam tudo de volta. Vito começou a varrer o chão, empurrando os detritos pelas grades rentes às paredes. Isso foi saudado com gritos e palavrões zangados pelo pessoal da fábrica, dez metros abaixo, enquanto o lixo flutuava e se depositava lentamente sobre a tinta molhada de quebra-cabeças saindo da impressora. Vito não deu bola aos xingamentos, e se eles subissem para reclamar, ele os enviaria de volta para baixo a vassouradas.

Enquanto o pessoal fazia a limpeza, olhei em volta procurando um modo de ajudar. Afinal, eu queria mostrar meu empenho corporativo. O que eu poderia fazer? Não pegaria bem um gerente varrer o chão.

Então, achei um pedaço de espelho quebrado no canto. Nós certamente não queríamos um vidro quebrado por ali. Vendo uma mesa branca de fórmica, tive uma idéia e pedi a Vito um estilete. Comecei a raspar a fórmica branca e fiz uma pilha de pó num canto. Uma hora se passou, a sala estava limpa, mas eu continuava raspando. A pilha de finos cristais brancos estava começando a ter a aparência de 2000 dólares, talvez até mais.

Juntei tudo sobre o espelho. Então, peguei uma gilete e desenhei algumas carreiras. Depois, tirei uma nota de 20 de meu bolso e a enrolei, bem apertada, deixando-a junto das linhas de pó branco... Em seguida, coloquei o espelho em um canto, visível, mas não muito. Como se alguém, na pressa de limpar a sala, o tivesse esquecido.

Logo, a sala estava impecável. Estávamos prontos e, na hora marcada, os executivos chegaram. Nosso pequeno espaço encheu-se com homens de meia-idade em ternos caros, alguns deles exibindo crachás de visitantes. Eles fizeram perguntas educadas, mas era evidente que não entendiam metade do que respondíamos, e alguns deles nem davam importância. De pé na porta, pude notar que mais de um girava a sua cabeça e olhava meu espelho. Como eu esperava, ninguém disse uma palavra sobre o assunto. A visita acabou, despediram-se de nós e foram embora.

Era tarde, e decidimos redecorar a sala no dia seguinte. Conversamos um pouco sobre o espelho. Quantos dos visitantes o tinham notado? Estávamos imaginando quando a segurança iria invadir nosso espaço, confiscar o espelho e o pó e mandar tudo para análise, assim poderiam nos usar como exemplos. Porém, o horário de ir embora chegou e ninguém apareceu. Um pouco desapontados, trancamos a porta e fomos para casa.

Talvez eles venham amanhã, pensei. Eu podia imaginar a cena. A nossa própria segurança, fingindo ser do Departamento de Combate às Drogas, fazendo a apreensão. E depois de todos os seus ensaios e análises, eles iriam descobrir que sua droga confiscada era... uma pilha de poeira de plástico. Mas a equipe de segurança não apareceu.

Pela manhã, passei no meu escritório e depois segui ao laboratório. Os calendários tinham voltado para a parede, e pude ver uma nova garota da Penthouse sobre a porta. Mas havia um problema. Quase metade da minha "coca" estava faltando. Mostrei a Vito.

"Não podiam ser mais cautelosos? Passei um bom tempo fazendo essa merda e agora você perdeu metade dela!"

"Nenhum de nós tocou nisso aí. Olha só, seus vinte paus ainda estão lá!" Talvez ele estivesse dizendo a verdade, talvez não. Fiz uma nova pilha de pó de fórmica e coloquei uma parte num saco de plástico.

No dia seguinte, minha pilha estava baixa, novamente.

"Alguém está sacaneando conosco", eu disse. Vito tinha uma solução. "Chegou a hora de alguns vídeos."

Tínhamos câmeras sobrando de um experimento do ano passado. Nós prendemos uma delas apontando para a mesa e para a porta, ligada a um temporizador. Quando alguém abrisse a porta, a câmera ligaria por cinco minutos. Com todos os outros equipamentos eletrônicos na sala, ninguém iria notar. Mas, para termos certeza, deixamos um rádio e alguns brinquedos funcionando toda a noite, por isso o ruído da câmara não seria notado.

Na manhã seguinte, o saco com a "coca" havia sumido. Vito viu primeiro. "Alguém nos roubou de novo!" Fomos assistir a fita e ficamos chocados. Ver aquela fita foi como comprar um vídeo pornô e encontrar sua mãe como a estrela principal. Ali, diante de nós, um dos VPs da visita anterior entrou, cheirou uma carreira e roubou o nosso saco. Perante os nossos olhos, gravado na fita.

Ficamos sem palavras. Pessoas como ele deviam, supostamente, ser a bússola moral de uma grande empresa como esta. Os ladrõezinhos baratos seriam gente como nós.

Vito achava que devíamos enfrentá-lo. Eu não estava tão certo. Não era bem isso o que esperava quando deixei o espelho sobre a bancada. Eu estava procurando alguma diversão. Eu queria causar um ridículo escândalo ao sermos acusados de posse ilegal de poeira plástica. Eu não estava esperando encontrar um vice-presidente que entrasse em nosso escritório e roubasse nossas "drogas" na calada da noite. E boa droga, também, pois passei horas limpando e escolhendo o melhor local de nossa bancada para raspar. Se as coisas que ele roubou fossem de verdade, ele pegaria uns dez anos de cadeia.

Talvez esse problema fosse apenas a ponta do iceberg. Eu disse para Vito, "Quem sabe o que mais esse idiota está roubando de outras pessoas aqui." Eu tinha medo de que, se ele descobrisse sobre nosso esquema, ele mandaria sermos despedidos. Achava melhor deixar o assunto morrer.

No final, nós decidimos dar-lhe mais uma noite. Talvez ele se arrependesse e viesse devolver a "coca"...

Naquela noite, fiz mais seis carreiras e, no dia seguinte, quatro tinham sumido. O que esse cara estava pensando? Sei o que *eu* estava pensando: *Esse cara tem vindo aqui todos os dias, por cinco dias, e quer mais. Acho melhor a gente investigar do que essa fórmica é feita e, quem sabe, passar a vender esse produto.*

Vito analisou as novas provas, e decidimos confrontá-lo. Vito era melhor nesse tipo de coisa, por isso, ele aceitou a incumbência. Ligou aos escritórios executivos e solicitou uma entrevista. Na tarde seguinte, entrou no escritório do VP e fechou a porta discretamente. "Eu tenho uma coisa que eu gostaria que você visse", disse. Ele tinha a fita e um videocassete portátil. Rodou a fita, que gravara os dois dias. Não era nada bonito de se ver.

Houve silêncio depois, mas Vito podia ver o que ele estava pensando.

Não posso acreditar que eles tinham umas porras de umas câmeras.

"Sabe, você é um cara sortudo, meu chefe podia ter ligado o saco que você roubou a uma granada, em vez da câmera de vídeo." Vito falava calmamente. "Meu chefe é maluco."

Vito continuou. "Meu chefe está muito chateado com o que você fez. Ele gostaria de ser pago por aquilo que você roubou. Ele queria cuidar disso do jeito dele, queria chamar alguns gorilas para lhe fazer uma visitinha, mas eu disse que passaria por aqui para conversarmos e ver se podemos resolver isso. Pacificamente".

Vito era italiano, e ele poderia dizer coisas assim, soavam bem com ele.

O cara ficou passado. Ele nem sequer nos ameaçou. Vito resolveu tudo por 500 dólares e deu a ele as fitas. Nós tínhamos cópias.

Vito disse: "Você entende, terá que comprar sua merda em algum outro lugar, daqui pra frente. Não sei se conseguirei segurar meu chefe, se ele o vir por lá de novo." O sujeito concordou, grato por ainda estar com suas duas pernas inteiras e por ter se safado por tão pouco dinheiro.

Fizemos a maior festa com o pessoal naquela semana, e eu peguei minha nota de 20 e a gastei. Mas não com drogas. Minha carreira de "traficante" tinha acabado ali...

A partir desse dia, todos os pedidos que enviamos à diretoria foram respondidos prontamente, e nunca, nunca rejeitados. Mas não durou muito. A economia mudou e as vendas diminuíram. Dentro de alguns anos, alguns de nós saímos e outros foram demitidos. Eu li que o nosso ex-VP foi preso no centro, junto com cafetões, vagabundas e traficantes.

Por que ele fazia isso? Eu tinha deixado essa vida para trás no primeiro instante em que tive a oportunidade, na hora em que troquei o lance da discoteca por um verdadeiro laboratório de engenharia. Ele crescera no luxo e tinha um bom emprego como vice-presidente, em uma grande empresa, e buscou a sarjeta por vontade própria.

Até então, eu pensava que as pessoas que tinham nascido para ocupar esses altos cargos deviam ser inerentemente superiores a um sujeito que havia abandonado a escola, como eu. Mas eu estava errado.

20

Lógica vs. Conversa fiada

Sou um cara muito lógico. Psicólogos dizem que é um traço dos portadores de Asperger. Isto pode levar a alguns problemas em situações sociais, porque uma conversa banal nem sempre se encaminha logicamente. No esforço para melhorar as minhas habilidades interpessoais, tenho estudado programas de computador que engatam conversas com seres humanos. Os melhores programas seguem caminhos lógicos para chegar às respostas adequadas. Os resultados, porém, nem sempre soam naturais, e não acho que me comporto muito melhor do que as máquinas.

Por exemplo, na semana passada, Laurie me disse: "Uma das minhas amigas está tendo um caso. E o cara tem uma moto como a sua!"

Laurie levantou um problema para mim. Ao contrário de outras conversas, esta não tinha começado com uma pergunta. Eu devo responder com um parecer sobre o que ela declarou? Ou *eu* devo fazer uma pergunta? Analisei o que eu tinha ouvido:

Laurie tem uma amiga. *Sim, Laurie tem várias amigas. De qual delas ela está falando?*

A amiga está tendo um caso. *Por que ela me contou isso? Será que eu a conheço? Ou conheço o cara? Terá sido uma maneira enrolada de sugerir que eu deveria ter um caso, pois tenho uma moto?*

O caso dela tem uma moto. *Bem, agora diminuiu o campo de possibilidades. A maioria dos caras tem carro, não moto. Portanto, este sujeito faz parte da minoria de 5% que tem moto. Será que eu o conheço?*

A moto é como a sua. *Laurie conhece motos? Será que ela quer dizer que ele anda numa Electra Glide Classic, ou quis dizer que a moto do cara é preta?*

Eu não era capaz de deduzir uma resposta adequada às suas declarações. Não havia nenhuma conexão lógica entre as sentenças. Olhei para o chão e refleti sobre meu próximo passo. Eu sabia que deveria pensar rápido. Se demorasse muito tempo, as pessoas diriam: "Você me ouviu?" ou "Você está prestando atenção?"

Eu sabia que ela queria uma resposta relevante – algo ligado ao que tinha dito, mais do que apenas um "Oh". Sabia também, por experiência própria, que uma frase como "Fui a Newport para ver o Festival de Jazz na semana passada" não seria uma resposta adequada. Então, me ocorreu que eu precisava recolher mais informações, até que fosse possível engatar uma conversa inteligente. Os programas de conversação mais bem sucedidos faziam isso. Então, fiz uma pergunta.

"Qual das amigas?"

Laurie olhou surpresa. "Por que você quer saber?"

Eu não esperava por isso. Ela pareceu desconfiada. O fato de que ela havia respondido dessa forma me fez pensar que ela imaginava receber alguma outra resposta. *O que ela queria que eu respondesse?*

Talvez eu devesse ter dito algo na linha do que ela dissera: "Meu amigo Spike tem um caso, também. E a namorada dele tem uma moto como a minha." Mas teria sido um disparate. E eu nunca dizia disparates, a menos que estivesse preparando uma pegadinha. Não posso deixar de pensar que devia haver algum propósito no comentário inicial de Laurie, e isso merecia uma resposta significativa.

Talvez eu devesse ter fingido de bobo e dito um "Uau!", acompanhado de um sorriso. Mas eu não consigo sorrir ao receber um comando, e também não gosto de fazer papel de idiota. Ainda assim, um "Uau!" provavelmente não teria perturbado Laurie.

Se eu disser, "Um dos colegas de trabalho sofreu um acidente de carro hoje", estou preparado para ouvir de você: "Quem estava no acidente?" Mas, se a identidade da pessoa fosse um segredo, porque é que eu deveria decliná-la?

Eu poderia ter focado na parte da moto. Então, eu teria dito: "Que tipo de moto é a dele?" Mais uma vez, eu esperaria algum tipo de resposta diferente de "Não é da sua conta!"

Quando perguntei a Laurie porque ela estava desconfiada, ela respondeu com mais perguntas: "Por que você quer saber? Seria horrível se eu falasse! E se isso chegasse aos ouvidos do marido?"

Só percebi o que eu deveria ter dito quando observei duas mulheres conversando em um restaurante, dias depois:

"Jenny, da contabilidade, tem um caso com um cara que tem um Corvette!"

A frase de abertura era muito parecida com a da Laurie, então eu prestei atenção.

"Que legal! Ele é casado?"

Ficou evidente que esta foi a resposta correta. De repente, eu compreendi que Laurie tinha me dito aquilo para me divertir ou me impressionar, então minha resposta deveria ter sido uma expressão de admiração ou emoção. No entanto, isso nunca me ocorreu, naquele momento. Ficou claro que as pessoas normais têm habilidades de conversação muito além das minhas, e suas respostas, em geral, não têm nada a ver com a lógica.

Essas conversas fiadas – ou qualquer tipo de conversa que vá além de uma simples troca de informações – sempre foram um desafio para mim. Quando eu era criança, aprendi que as pessoas não gostavam quando eu proferia o primeiro pensamento que vinha à minha mente. Desde que fiz essa descoberta, tenho tentado lentamente aprender a ter sucesso numa conversa. Já sei iniciar um papo com uma pergunta, do tipo "Como está?" e aprendi uma série de perguntas que são socialmente aceitáveis. Mas o meu repertório é limitado, e parece que as outras pessoas são muito mais flexíveis.

Agora eu sei que a minha resposta lógica para Laurie pareceu intrusiva. Isso não faz sentido para mim. A minha resposta foi amigável. Então, por que razão ela ficou tão perturbada? Afinal, foi ela quem puxou o assunto. Na minha opinião, as pessoas não deviam fazer certas declarações, a menos que estivessem preparadas para responder a perguntas sobre o que disseram. Mas o mundo nem sempre funciona dessa forma.

As pessoas se aproximam de mim sem terem sido convidadas, e dizem coisas que ninguém perguntou. Quando elas não têm a resposta que esperam, ficam indignadas. Se não dou nenhuma resposta, elas ficam indignadas, também. Por isso, não há maneira de vencê-los.

Dentro desta linha de raciocínio, por que conversar com pessoas, então? Bem, muitos autistas não conversam, possivelmente por essa mesma razão. Mas, por algum motivo, quero que as Lauries da vida gostem de mim. Que não me achem esquisito. Posso ser excêntrico, mas não gostaria de ser estranho. Então, eu insisto e tento dizer as coisas que uma pessoa "normal" diria.

As pessoas normais parecem ter um estoque de perguntas para preencher um vazio na conversa. Por exemplo, quando encontram alguém que não viam há muito tempo, dizem coisas como:

"Como vai sua esposa?"

"Como vai o seu filho?"

"Você está em forma – está fazendo regime?"

Elas vão falar tais coisas na ausência de qualquer tipo de estímulo, ou sem nenhuma indicação visual de que houve mudanças na esposa ou no filho.

Quando alguém se aproxima de você, sua aparência normalmente não sugere mudanças na esposa ou filho; e a maioria das pessoas não muda de aparência de semana para semana, ou mesmo de mês para mês, para fornecer uma base lógica às perguntas sobre peso. No entanto, os destinatários das perguntas respondem com banalidades semelhantes, como por exemplo:

"A esposa está bem".

"O moleque sai em condicional em janeiro".

"Grampeei meu estômago e perdi 10 quilos."

E então, surpreendentemente, elas muitas vezes dizem, "Obrigado por perguntar."

Como as pessoas normais sabem quais perguntas a fazer, dentre seu estoque? Será que têm memória melhor do que a minha, ou é apenas pura sorte? Deve ser condicionamento social, algo que não tenho...

Por exemplo, quanto ao peso... Se meu amigo parecer mais gordo, eu lhe direi, "Você engordou desde a última vez que lhe vi." Eu aprendi que as pessoas engordam por um bom número de motivos, a maioria dos quais são benignos. Estou consciente, também, de que as pessoas podem não gostar de ter suas deficiências destacadas – aumento de peso, por exemplo. Mas a minha boca vai falar "você engordou!" antes que o cérebro conclua o raciocínio: *Vai ser grosseria dizer que ele engordou!*

Perder peso é outro assunto. Se alguém está magro demais, eu poderia dizer: "Você parece mais magro... Está doente?" Sei que as pessoas fazem dietas. Mas, na minha idade, se alguém estiver muito magro é porque há algo de errado com ele. Talvez ele tenha câncer, ou algo ainda pior.

Eu ouvi dizer que perguntas do tipo "Como vai seu filho?" são descritas como "quebra-gelo." Eu nem penso em dizer essas coisas até estar preparado para manter uma conversa. Fico de língua amarrada quando me aproximo de alguém, a menos que as pessoas falem comigo primeiro. Se eu falar, usualmente digo coisas rudes ou grosseiras – especialmente quando falo verdades que as pessoas não gostariam de ouvir.

É por isso que eu aprendi, há alguns anos, a proferir um grande "Ufff!", sem compromisso, se for iniciar uma conversa ou preencher um silêncio. As pessoas ouvem isso e não sabem bem o que dizer, mas eles não costumam entender um "Ufff!" como algo grosseiro.

No passado, quando as pessoas me criticavam por fazer perguntas inesperadas, sentia-me envergonhado. Agora, eu percebo que as pessoas normais estão agindo de uma maneira superficial e, muitas vezes, falsa. Portanto, em vez de me sentir mal por causa delas, quero manifestar o meu aborrecimento. É a minha maneira de tentar incutir um pouco de lógica e racionalidade.

Estas dificuldades destacam um problema que os portadores de Asperger enfrentam todos os dias. Uma pessoa com uma deficiência óbvia – por exemplo, alguém numa cadeira de rodas – é tratada de modo compreensivo porque sua deficiência é óbvia. Ninguém se vira para um rapaz numa cadeira de rodas e diz, "Rápido! Vamos correr até o outro lado da rua!" E quando ele não pode fazer isso, ninguém diz, "Qual é o seu problema?" Eles até se oferecem para ajudá-lo.

Comigo, não existe nenhum sinal externo que indique que tenho uma deficiência conversacional. Então, quando alguém me ouve dizer alguma coisa sem sentido para eles, comentam: "Mas que sujeito arrogante!" Não vejo a hora em que minha deficiência seja tão respeitada quanto um cara na cadeira de rodas. E se esse respeito for demonstrado na forma de vagas preferenciais nos estacionamentos, vou adorar.

Ufff!

21
Jovens executivos

Quando começamos na Milton Bradley, éramos jovens e entusiasmados. Estávamos convencidos de que nossos brinquedos mudariam o mundo. Por várias vezes, trabalhamos até a meia-noite, para mandar para a produção a mais recente novidade eletrônica. E não perdíamos tempo em conversas fiadas, porque nosso trabalho era criar coisas novas e não precisávamos impressionar ninguém com nosso fino trato social.

Mas, teria sido bom saber um pouco mais sobre como conviver com a politicagem numa grande empresa como a nossa. Percebemos isso, quando tivemos nossa primeira experiência com a política corporativa. *Dark Tower* era um de nossos games mais quentes para a temporada de 1981. O ponto central do jogo era uma torre, que rodava e parava em frente de cada jogador. Mas o problema era que a torre parava nos lugares errados, e isso era uma questão para Bob resolver, já que ele trabalhava no grupo de desenvolvimento do *Dark Tower.*

Ele ficou bastante tempo tentando descobrir a razão desse problema e acompanhei de perto suas investigações. Agora que eu trabalhava lá, vivia impressionado com a sofisticação técnica contida num jogo de 39 dólares. Tão complexo quanto os aparelhos que eu usava quando trabalhava com música e que custavam mil vezes mais.

Parecia algo muito simples de resolver. Você ligava o jogo, e a torre se movia. Desligava, e ela parava. Certo? Infelizmente, não era assim tão simples. A inércia fazia a torre rodar mais um pouco antes de parar, como acontece quando você desliga o motor de um carro. O problema era que não se podia prever a distância que a peça iria percorrer antes de parar.

"Tudo estaria resolvido se a gente tivesse um orçamento maior", reclamou Bob.

Esse era o X da questão. Na indústria de brinquedos, tudo devia ser feito ao menor custo e era nosso trabalho desenvolver maneiras de fazer um brinquedo funcionar com o menor número possível de peças. Quando conseguíamos, sentíamos orgulho por ter criado designs elegantes e funcionais. Mas nem sempre era assim.

Depois de um mês, Bob veio com a solução: "Um circuito onde uma braçadeira será acionada pelos transistores e ela pára o motor na hora que cortarmos a corrente." Continuou: "É o mesmo princípio dos freios de uma locomotiva!". Quem diria que a mesma coisa que segura um trem de carga seguraria as nossas torres?

A idéia de Bob funcionou, as torres paravam onde deveriam parar e logo o jogo estava pronto para ser vendido nas lojas.

Mas, um mês depois, Bob teve um choque. "Você viu o que aconteceu? O Alan disse que foi ele quem bolou as travas e recebeu um prêmio por isso! Ele roubou a minha idéia!" Não havia muito que eu pudesse dizer. Mas nossa exuberância juvenil começara a se desgastar frente às políticas corporativas.

Enquanto isso, nosso grupo estava correndo para ser o primeiro a lançar um game que falasse, e minha tarefa seria desenhar um sistema que coletasse a fala e a transformasse em dados digitais. Eu criava as peças analógicas e Klaus fazia o trabalho digital. Nós usávamos os primeiros micros fabricados pela indústria para armazenar os dados.

Logo que o aparelho estava pronto e testado, sentei-me em frente ao monitor, com meus dedos no teclado. A operação toda era muito simples: V significava "Vá"; o sistema iria gravar qualquer coisa que ouvisse nos próximos seis segundos. S queria dizer "Salvar". Começamos a gravar e digitalizar várias falas.

"Ei! Escolha a sua fala!" Um de cada vez, todo o pessoal passou pelo laboratório, para ler e gravar as loucas frases que se tornariam o vocabulário de nosso novo jogo. "Você escolhe três!" E o clássico "É minha vez!" Todos os engenheiros e técnicos tiveram a oportunidade de tentar ser a voz do brinquedo do futuro. No fim das contas, porém, a voz escolhida foi a de Mike Meyers, um dos VPs.

Pode parecer absurdo, mas eu estava orgulhoso de meu projeto – uma parcela pequena de todo o produto – e ninguém roubou o crédito de mim. Os técnicos pegaram os dados que gravei e os transformaram em um pequeno fluxo de bits que alimentava o nosso novo circuito integrado falante.

Hoje, parece que toda criança tem um Game Boy ou games similares. Mas no fim dos anos 70, não havia tal coisa. No entanto, isso estava prestes a mudar. Pouco tempo depois que eu comecei a trabalhar na empresa, saímos com o primeiro videogame portátil com cartuchos cambiáveis. Ele chamava-se *Microvision*.

Após o seu primeiro Natal, nós pudemos ver que o *Microvision* iria ser a próxima sensação no mundo dos brinquedos. Mesmo depois das Festas, ele continuava vendendo tão rápido quanto nossa capacidade de produzi-lo.

Mas, em breve, algumas novidades começaram a percorrer a fábrica:

"Vocês ouviram sobre o que vem acontecendo com o *Microvision*? Estão devolvendo montanhas deles, com defeito. A linha de montagem também está com problemas, tem um monte de unidades pifadas." Brad, um dos engenheiros que havia trabalhado no projeto, não parecia muito preocupado. Afinal, nós éramos de Pesquisa e Desenvolvimento, e isso parecia um problema de produção.

Mas o pessoal da produção estava muito preocupado, na fábrica. Justo quando eles estavam se preparando para atender aos pedidos para o próximo Natal, o índice de produtos defeituosos na linha de montagem tinha saído de 5 % para mais de 60%, em coisa de poucas semanas. A diretoria estava em pânico, havia mais de um milhão de pedidos de *Microvision* para serem atendidos e eles não viam meio de fazê-lo. Era o pesadelo de todo fabricante de brinquedos, se tornando realidade.

A empresa nunca tinha passado por nada parecido em seus cem anos de história. Afinal, quebra-cabeças e jogos de xadrez nunca se quebravam desse jeito. Os brinquedos eletrônicos eram um novo conceito na empresa, e os empregados mais antigos ainda viam um "novo produto" como algo que significava fazer damas em azul em vez do tradicional vermelho.

A primeira linha de defesa era nosso controle de qualidade e a engenharia da fábrica. Mas ambos os departamentos estavam atulhados de problemas. A diretoria ficou desesperada. Depois de muitos murros na mesa, resolveram chamar o chefe dos malucos da P&D e ele disse que tinha "o cara certo para vocês."

Assim, de repente, ganhei uma nova atribuição. Passei a ler todos os livros que pude encontrar sobre fábricas e linha de montagem, e logo comecei a fazer perguntas:

"O que mudou no processo de fabricação?"

"Nada".

"E na embalagem?"

"Não há mudança."

"Será que as peças são diferentes? Será que compramos um lote ruim?"

"Não. Nós compramos duzentos e cinqüenta mil kits de peças no ano passado, e ainda estamos usando esse estoque."

Droga.

Voltei ao laboratório e conversei com Bob sobre isso, pois ele já trabalhara no desenvolvimento de produtos. Tínhamos começado a usar gravatas e paletós esporte. Supostamente, os engenheiros usavam gravatas e os técnicos, não. Esperava-se que nos vestíssemos e nos comportássemos como jovens executivos, embora tivéssemos pouca noção do que isso significava. Ou melhor, o nosso conceito diferia acentuadamente dos conceitos de nossos chefes.

Estávamos lá para projetar circuitos, mas mais do que isso, estávamos lá para nos divertir. E para perseguir as meninas do departamento de arte. Os nossos patrões, por outro lado, estavam lá para trabalhar. Ou, mais precisamente, para fazer-nos trabalhar. Essa era a definição do gestor – mandar os outros fazer o seu trabalho. Nós éramos os outros.

Este problema do *Microvision* era um trabalho sério.

"Talvez alguém o tenha sabotado. Acha que é possível?" sugeri. Bob estava cético. Ele passava muito mais tempo na fábrica do que eu, e me disse que a fábrica parecia bastante pacífica.

Eu estava preocupado. Havia centenas de games pifados vindos da linha de produção, diariamente. Se não fizéssemos alguma coisa rapidamente, a empresa estaria em situação grave, porque 6 entre cada 10 games fabricados apresentavam problemas.

Marquei uma conversa com Bob em sua lancha. Se as grandes decisões eram tomadas pelos chefões em campos de golfe, porque nós não poderíamos fazer o mesmo na pequena lancha de Bob?

"Será que há problemas no projeto dos chips?"

"Não sei, mesmo," respondi.

"E se for um problema com a fonte de energia elétrica?"

Não sei se foi o respingo de água de uma lancha que passou, mas o fato é que a resposta veio num instante. Quando a descobri, parecia muito óbvia.

Assim que o verão acabava, o ar se tornava mais seco. E menos umidade significa mais eletricidade estática. É o mesmo fenômeno que faz você estalar quando veste um suéter. Era isso que estava matando o *Microvision*.

Meu cérebro foi a mil por hora, tentando imaginar um modo de provar que minha teoria estava certa. E, mesmo que estivesse certa, o que se poderia fazer sobre isso? Milhões de dólares haviam sido empenhados em produtos com defeito, e além disso, os empregos das pessoas estavam em jogo. Isso não era mais um problema abstrato de Pesquisa e Desenvolvimento, era um problema real e concreto. O mundo da produção era um mundo concreto.

Nos livros que eu tinha lido sobre a industrialização, não havia nada parecido com o que vivíamos na Milton Bradley. Nossos gerentes nos motivavam com palavras de encorajamento e inspiração. Eles eram educados e estavam sempre sorrindo. Nada a ver com as histórias nas antigas minas e siderúrgicas, onde os chefes andavam com tacos de beisebol pelas fábricas.

Refleti sobre o próximo passo. Eu tinha alguns adesivos com uma fina lâmina de cobre, que eu estava usando em um outro projeto. Talvez eu pudesse usar essa pequena folha metálica para dissipar a estática sem prejudicar o brinquedo. Abri um console de jogo que eu tinha e pus o adesivo sobre a placa do circuito. Depois, pus uma folha similar na entrada do cartucho.

Funcionou. Sempre que você conectava o cartucho no console, a folha de cobre era tocada antes de qualquer outra coisa, e a estática era dissipada. Já era hora de testar a idéia real em alguns jogos novos. Solicitei uma caixa de jogos recém-saídos da produção. Chegaram momentos mais tarde, reafirmando a importância que a diretoria havia colocado em nosso trabalho.

Vesti e tirei meu suéter várias vezes, e arrastei meus sapatos de sola de borracha sobre o carpete. Quando esbarrei no interruptor de luz da sala, uma faísca saiu do meu dedo. Satisfeito com a minha carga eletroestática, peguei um *Microvision* zerinho. Ficou morto na minha mão. Eu então peguei meu jogo modificado, e ele ainda funcionava. Repeti essa operação várias vezes, até encher a lixeira de *Microvisions* pifados. Meus jogos modificados não falharam uma única vez. Eu tinha encontrado a resposta.

No final das contas, era uma coisa simples. Clipes são simples, também. Algumas das melhores criações da engenharia são, de fato, as mais simples. Às vezes, somos os donos do óbvio.

Daquele momento em diante, a guerra foi ganha pelo *Microvision*. Eu adicionei alguns circuitos, para fortalecer o chip dos jogos contra a estática, e a produção providenciou materiais antiestáticos para a linha de montagem. E a fábrica foi equipada com um sistema que pulverizava uma tênue névoa de água, para evitar a formação de estática por ali.

Voltei a trabalhar arduamente em *Milton*, a próxima maravilha eletrônica, e Bob voltou ao *Super Simon*. *Milton* seria o primeiro jogo eletrônico falante do mundo. Brinquedos tinham falado durante anos sem eletrônica, usando a mecânica, como as bonecas que pronunciavam uma frase quando a criança puxava a cordinha presa nas costas. Mas um jogo interativo falante... Este seria o primeiro. Bem, *Milton* realmente falava, mas parece que os consumidores naquele período não queriam ouvi-lo, então o brinquedo saiu de linha apenas um ano mais tarde.

Estou certo de que a minha solução para o problema de estática do *Microvision* salvou a empresa. Mas, assim como a experiência de Bob com o *Dark Tower*, o prêmio nunca chegou à minha mesa, e o bônus não apareceu em minha conta bancária. O dinheiro parou um pouco acima da cadeia alimentar...

Uma década mais tarde, Bob alcançou renome como o designer e co-inventor de vários brinquedos e jogos para a Mattel e a própria Milton Bradley.

Naquele ano, recebi a oferta para um novo trabalho, como diretor de P&D para um fabricante de alarmes de incêndio e relógios de ponto. Aceitei, porque decidi subir as escadas corporativas, deixando Bob em seu mundo dos brinquedos. O problema foi que, quanto mais eu avançava no mundo corporativo, mais eu deveria contar com minha capacidade de lidar com as pessoas e menos importantes se tornavam minhas habilidades técnicas. Para alguém como eu, era a fórmula para o desastre.

Fui para o meu novo emprego na Simplex, onde devia usar um terno para trabalhar. Eu tinha uma sala com uma porta, e minha própria secretária. E, depois de um ano, já gerenciava uma equipe de vinte pessoas, mas tudo isso provou ser um erro. Eu não estava feliz. Sentia-me cercado por mediocridade, tanto no meu trabalho quanto na escolha de emprego. Eu tinha saído da concepção de brinquedos (muito divertido), para a supervisão de projetos de relógios de ponto (nada divertido).

Infelizmente, não havia volta. As coisas tinham ido mal na Milton Bradley Electronics, pouco depois que saí. A empresa teve um prejuízo de 30 milhões em jogos para computador, e Bob e a maioria dos meus amigos perderam seus empregos. Um pouco mais tarde, a empresa foi vendida. Eu estava começando a perceber que o *trabalho como executivo* não significava *segurança no trabalho.*

No meio da minha luta para me tornar parte da América corporativa, me casei com Ursinho no verão de 1982. Tinha vinte e cinco anos de idade. Éramos felizes no início, mas como as coisas pioraram no trabalho, trouxe os problemas para casa. Eu estava irritado no trabalho, e Ursinho havia voltado para a universidade, como parte de um clube de estudos de Ficção Científica. Depois de ver Bob perder o seu emprego, também fui mandado embora da Simplex em 1984. Como outras empresas, eles estavam enfrentando dificuldades financeiras. Foi um tempo difícil para Ursinho e para mim, pois eu era o ganha-pão da família, enquanto ela estava na universidade. E para piorar as coisas, enquanto eu estava desempregado, seu irmão Paul morreu em um acidente automóvel. Com o estresse de todas essas coisas, nós começamos a nos distanciar.

Felizmente, encontrei um novo emprego rapidamente. Comecei a trabalhar na Isoreg, uma pequena empresa que fabricava transformadores. Porém, era uma viagem de uma hora e meia entre a casa e o trabalho. A vida como um executivo não era do modo como eles a retratavam na TV.

Até 1988, eu já havia mudado de emprego duas vezes, e tinha engolido tudo o que poderia suportar do mundo corporativo. Eu tinha chegado a aceitar aquilo que as minhas avaliações anuais de desempenho afirmavam. Mas eu não me sentia um membro da equipe. Tinha dificuldade para me comunicar com outras pessoas. Fiquei desatencioso. Eu era rude. Eu era inteligente e criativo, sim, mas era um desajustado.

Fiquei profundamente enjoado de todas as críticas. Eu estava enjoado da vida. Literalmente. Acabei tendo ataques de asma, que me levaram para a sala de emergência praticamente todos os meses. Eu odiava ter que levantar e enfrentar mais um dia de trabalho. Eu sabia o que precisava ser feito. Eu precisava parar de me obrigar a fazer parte de algo que, tinha certeza, nunca seria para mim. Uma grande empresa. Um grupo. Uma equipe.

Quando eu tinha cinco anos, eu queria, sim, mais do que qualquer outra coisa na vida, fazer parte de um time. Mas nunca ninguém me escolheu para nada. Talvez essas rejeições ainda estivessem comigo, vinte anos depois.

"Você precisa fazer parte da equipe", ouvia todos os dias.

O quê? Ser mais um idiota usando um terno? Não, eu não.

"Você precisa ser um pouco mais diplomático, quando notar problemas no trabalho das outras pessoas."

Bom, o trabalho está um lixo. Isso nunca irá funcionar. Eu fiz trabalho melhor do que esse quando eu tinha quinze anos.

"Você pode achar que seu circuito é a melhor coisa jamais construída, mas não é esse o caminho que pretendemos tomar."

Então, você quer usar o projeto do outro grupo – aquele que custa o dobro e tem metade da eficiência do nosso – só porque o Dan puxa o seu saco nas reuniões e não diz que você é um ignorante, como eu faço. Eu entendi direito?

Levei quatro empregos e dez anos para perceber a loucura dos meus esforços.

E, antes que me esqueça, fui aceito no Golf Club no final de 1988. Mas eu não precisava mais daquilo, nem era mais um executivo. E também porque não sabia jogar golfe.

22

Ficando normal

Eu tenho pensado muito sobre a forma como fiz a transição de ser uma pessoa com a Síndrome de Asperger para alguém quase normal. Tem sido um processo gradual.

Creio que há um movimento contínuo, de Autismo para Asperger e de lá para o estado normal. Num extremo, há crianças que são totalmente voltadas para si mesmas desde o nascimento. Elas vão viver sua vida através de seus próprios pensamentos, e os pais e outras pessoas mal poderão se conectar com elas. Na outra ponta do espectro, você tem crianças que são totalmente extrovertidas. Elas não têm praticamente nenhuma possibilidade de serem introspectivas ou de executar difíceis cálculos mentais. Pessoas assim poderão não se transformar em grandes engenheiros, por exemplo, mas poderão, com freqüência, serem bem-sucedidas na vida, porque essa habilidade de relacionamento interpessoal é um dos fatores de sucesso na carreira profissional.

E, no meio, tem gente como eu – alguns mais funcionais, outros menos. Podemos nos concentrar, e também temos alguma capacidade de estabelecer relações com as pessoas e o mundo exterior.

Alguns Aspergers podem se concentrar com grande profundidade, e aqueles de nós que cultivam este dom às vezes são chamados Savants. Ser um Savant, muitas vezes, tem um custo: concentrar-se num assunto, com um foco tão agudo quanto um raio laser, pode gerar limitadas capacidades de observar outras áreas de interesse humano. Não creio que eu seja uma espécie de Savant, sou apenas um Asperger altamente inteligente. Mas acho que a minha capacidade de visualizar funções matemáticas e o funcionamento dos circuitos era alguma coisa parecida com a genialidade de alguns Savants.

Até pouco tempo atrás, não existiam fontes de conhecimento disponíveis sobre como os Savants ou os Aspergers realmente pensam ou vêem as coisas. Mas livros e estudos recentes têm vindo lançar luz sobre este assunto. Quando li o livro de Daniel Tammet, *Born on a Blue Day*, fiquei espantado pelas semelhanças entre os processos de seu modo de pensar e os meus próprios. Quanto mais depoimentos de vidas como as nossas aparecem, eu sinto que estamos à beira de muitas descobertas empolgantes sobre Autismo e Asperger.

Quando somos jovens, nossos cérebros estão em constante desenvolvimento, fazendo novas conexões e mudando a nossa forma de pensar. Pelo que me lembro do meu próprio desenvolvimento, posso ver como passei por períodos de rápido desenvolvimento quanto à minha capacidade de concentração e de fazer cálculos complexos. Quando isso aconteceu, conseguia resolver problemas técnicos, mas me afastei de outras pessoas. Mais tarde, houve períodos em que a minha capacidade de conexão a outras pessoas e ao mundo aumentou, aos trancos e barrancos. Nesses momentos, meus poderes de concentração intensa e de raciocínio pareceram diminuir.

Talvez algumas crianças autistas não tenham recebido os devidos estímulos e se tornaram extremamente introvertidas, voltadas a seu inescrutável mundo interior, de tal modo que não consigam mais viver em sociedade, embora possam vir a ser incrivelmente brilhantes em alguns campos muito definidos e específicos, como a Matemática, por exemplo.

Os cientistas têm estudado a "plasticidade cerebral", a capacidade do cérebro para reorganizar seu tecido neural baseado em novas experiências. Ao que parece, diferentes tipos de plasticidade são dominantes em diferentes idades. Olhando para minha infância, acho que a idade entre quatro e sete anos foi um período crítico para o meu desenvolvimento social. Foi quando eu chorava porque não conseguia fazer amigos. Nesses momentos, eu poderia ter me afastado para não me machucar mais, mas eu não fiz isso. Felizmente, tive bastante intercâmbio com adultos inteligentes – minha família e os seus amigos da faculdade – para me manter interessado em fazer contato com as pessoas.

É fácil imaginar uma criança, que não tenha essa oportunidade, afastando-se totalmente das pessoas. E uma criança dessas dificilmente poderá interagir, mais tarde.

Acho também que meu cérebro trocou muitos fios quando estava nos meus trinta anos, ou mais. Digo isso porque comparo meus processos mentais de hoje com aqueles que eu expressava por escrito, ou através dos desenhos de meus circuitos, vinte e cinco anos atrás.

Aqueles escritos eram planos, desprovidos de inflexão ou emoção. Eu não escrevia sobre meus sentimentos, porque não os enxergava. Hoje, a maior compreensão de minha vida emocional permitiu-me expressá-la, tanto verbalmente, quanto em papel. Mas houve uma troca para que houvesse esse aumento de inteligência emocional. Eu olho os circuitos concebidos há vinte anos e é como se outra pessoa os tivesse feito.

Alguns dos meus projetos eram verdadeiras obras-primas de economia e funcionalidade. Muitas pessoas me disseram que eram expressões de um gênio criativo. E hoje eu não consigo compreendê-los totalmente. Quando olho para os antigos desenhos, recordo-me de um livro que eu li quando adolescente, "Flores para Algernon", de Daniel Keyes. Os cientistas pegaram um faxineiro com retardo mental e o transformaram num gênio, mas isso não durou muito. Seu brilho desbotou-se diante de seus olhos. É assim que me sinto às vezes, olhando as criações que fiz no passado. Esses desenhos foram fruto de uma parte de meu cérebro que não existe mais. Eu nunca inventei circuitos como aqueles, novamente. Hoje, poderia criar alguma coisa como as guitarras cheias de luzes de Ace Frehley, mas alguém teria que projetá-las para mim.

Minha história não é triste, porém, porque a minha mente não enfraqueceu ou morreu. Ela apenas se refez sozinha. Tenho certeza de que minha mente continua poderosa como sempre foi, mas numa configuração mais ampla. Ninguém que me observasse há trinta anos poderia prever que eu adquirisse as habilidades sociais que tenho atualmente, ou mesmo ser capaz de descrever as emoções, pensamentos e sentimentos que descrevo neste livro. Nem eu mesmo poderia prever isto.

Tem sido uma boa troca. Ser um gênio criativo nunca me ajudou a fazer amigos, e certamente não me fez feliz. Minha vida, hoje, é incomensuravelmente feliz, mais rica e completa, como resultado do contínuo desenvolvimento de meu cérebro.

Os adultos eram capazes de lidar com as minhas limitações conversacionais muito melhor do que as crianças. Eles compreendiam minhas respostas desconectadas, e estavam mais propensos a mostrar interesse por algo que eu dissesse, não importa quão bizarro fosse. Se os adultos não tivessem esticado esse interesse, eu poderia muito bem ter despencado mais longe, no mundo do Autismo. Eu poderia muito bem ter deixado de me comunicar.

Mesmo aos dezesseis anos de idade, teria sido fácil deixar de lidar com seres humanos e me mudar para o mundo dentro de minha própria mente. Olhando para trás, vejo um caminho que poderia ter me levado a algum lugar distante, talvez ao Autismo, talvez para o local onde vivem os savants, que podem multiplicar números de dez dígitos em suas mentes. Afinal, eu me dava bem com os meus circuitos, e eles nunca me ridicularizavam. Eles me traziam problemas difíceis de resolver, mas nunca jogaram sujo. Na época em que saí da escola, era quase como se eu sempre estivesse na frente da porta Número Um e da porta Número Dois, tão perplexo como qualquer participante de um show da TV, e com muito mais em jogo: era obrigado a fazer uma escolha.

Minha louca situação familiar, e a necessidade de fugir de casa e entrar no mundo do trabalho para sobreviver, ajudaram na escolha. Por isso, optei pela Porta Um, e ao fazê-lo, me afastei do mundo das máquinas e dos circuitos – um confortável e silencioso mundo de cores, luzes suaves e mecânica perfeição – e me aproximei do ansioso mundo das pessoas – brilhante e desordenado. Avaliando essa escolha, trinta anos mais tarde, acho que as crianças que escolheram a Porta Dois podem não conseguir conviver em sociedade.

Como um adulto funcional com Síndrome de Asperger, uma coisa me preocupa profundamente sobre aquelas crianças que escolheram a segunda porta. Muitas descrições do Autismo e Asperger descrevem pessoas como eu como "não querendo contato com outras pessoas" ou "optando por brincar sozinho." Eu não posso falar em nome de outras crianças, mas gostaria de ser muito claro sobre meus sentimentos: *Eu nunca* **quis** *ficar sozinho*. E todos aqueles psicólogos infantis que disseram "John prefere brincar sozinho" estavam *completamente* errados. Eu brincava sozinho porque não conseguia brincar com outras crianças. Eu estava sozinho como resultado das minhas próprias limitações, e estar sozinho foi uma das mais amargas decepções da minha vida, quando criança. A dor aguda daqueles primeiros fracassos me seguiu durante a idade adulta, mesmo depois que eu aprendi sobre Asperger.

Como um jovem adulto, tive a sorte de conhecer e participar do mundo de músicos e de pessoas que criavam efeitos especiais. Quem vive nessa linha de trabalho está habituado a lidar com pessoas excêntricas. Eu era inteligente, capaz e criativo e, para eles, isso estava muito bom.

De certa forma, foi um erro ter deixado esse mundo, porque eu era aceito e bem-vindo, algo que raramente consegui na vida corporativa. Mas eu não podia me dar ao luxo de avançar com o meu trabalho em eletrônica sem recursos. Tive que arrumar um emprego.

No mundo corporativo, comecei como engenheiro, recebendo $ 25.000 por ano. Em 1970, isso era um bom dinheiro. À medida que eu subia, o salário aumentava. Engenheiro, Gerente de Desenvolvimento Avançado, Diretor adjunto de Planejamento, Diretor de Engenharia. E, finalmente, Gerente Geral de Sistemas. Após dez anos, estava recebendo $ 100.000 por ano. Eu era invejado por todas as pessoas abaixo de mim, na cadeia alimentar, mas aquilo era uma armadilha.

No começo, eu criava projetos de circuitos. Isso era algo que eu adorava fazer, e fazia bem. Dez anos mais tarde, o meu trabalho foi gerir pessoas e projetos. Gostava da posição respeitável, mas eu não era bom em gestão, e não gostava desse trabalho. O problema era que, se eu quisesse voltar a ser um engenheiro, eu teria que arrumar emprego em alguma outra empresa, com um corte de salário de 50 por cento. A mensagem era clara: gestores são mais valiosos do que engenheiros. Isso me deixou maluco. Eu não estava a fim de me rebaixar na carreira e no salário apenas porque gostava de ser criativo. Eu queria tudo – bons salários, independência e criatividade.

"Você realmente devia trabalhar por conta," foi-me dito pelos meus patrões.

Seria isso um precursor da frase "Você está despedido"? Eu já tinha sido despedido – rejeitado – duas vezes. Em 1983, fui de um salário de $ 60.000 por ano para o cheque semanal de $ 197 do seguro-desemprego. E tinha que ficar na fila durante uma hora e preencher dois formulários para receber esse cheque. Eu resolvi, em 1983, que nunca mais ficaria desempregado.

Eu percebi que os comentários eram corretos. Eu não era um cara que trabalhasse em equipe, então devia trabalhar por conta própria. Mas o que poderia fazer para ganhar dinheiro? As minhas duas grandes paixões eram projetar circuitos integrados e consertar carros. Será que eu seria capaz de trocar o terno por um macacão, e consertar carros em vez de supervisionar engenheiros?

Sempre adorei carros. Eu tinha continuado a comprar carros antigos, mexido e vendido, desde que me vi por conta própria na vida. E comecei a considerar seriamente a idéia de abandonar a eletrônica para me tornar um mecânico ou concessionário de automóvel. Passei a abordar o tema com amigos e colegas de trabalho.

"Eu não agüento mais isso. Não agüento mais essa merda. Acabou a graça."

Ou eles não acreditavam, ou achavam que eu estivesse deprimido. "Você vai abandonar tudo para virar um mecânico? Você está numa das posições mais importantes da empresa! Sabe quantas pessoas dariam o braço direito para ter um emprego como o seu?"

Ou eles diriam: "Você está falando merda. Fale francamente comigo, sou seu amigo. Se você arrumou um emprego na concorrência, diga pra mim. Quem sabe eu vá junto!" Todo mundo achava que tinha alguma coisa, que devia estar aprontando alguma. Mas não havia nada.

Todos com quem eu conversara achavam que eu estava doido, mas no fim das contas, não importava o que eles pensavam sobre o meu trabalho. O que importa é o que *eu* pensava. E eu não gostava dele.

Em 1989, larguei meu emprego e comecei a vender carros. Isso significava uma segunda hipoteca contra a minha casa. Comecei a comprar carros europeus de segunda mão, consertá-los e vendê-los. Além disso, eu fazia a manutenção dos carros que vendesse. Minha primeira aquisição foi um Mercedes 300 SD, com cinco anos de uso. Dei um trato nele e o vendi com um lucro de $ 1500. Parecia um grande começo.

Eu sabia que consertar e vender carros não era tão criativo como projetar efeitos sonoros, mas tinha pontos positivos. Não perdia tempo para ir trabalhar. Podia ser eu mesmo. Não teria mais medo de perder o emprego. Eu deixaria de me sentir como uma fraude. Ninguém questionaria mais as minhas qualificações ou habilidades.

Se fosse assim tão simples... Quando descobri que não era assim tão simples, já havia perdido minhas reservas e feito mais $ 50.000 em dívidas. De alguma forma, os lucros iniciais tinham se transformado em grandes perdas, pela economia em recessão e minhas más decisões. Mas não havia mais retorno. Tinha que ter sucesso. Eu ainda me lembro de colocar água em vez de leite no macarrão instantâneo, porque não podia comprar leite, e lembro de ter jurado nunca mais voltar a esta situação.

A coisa que me salvou foram os meus conhecimentos técnicos, alimentados pelo meu lado Asperger, que precisa saber tudo sobre os assuntos que chamassem a minha atenção. E carros certamente tinham a minha total atenção. Posso não ter feito dinheiro vendendo carros, mas eu tinha os conhecimentos necessários para consertá-los quando ninguém mais podia, e as pessoas me pagavam para isso. Melhor ainda, os seus elogios me faziam bem e me davam a coragem para enfrentar de frente meus prejuízos financeiros. Os problemas elétricos, que faziam os outros mecânicos arrancarem os cabelos, eram muito triviais para mim.

Durante dez anos, eu tinha ouvido meus patrões dizerem que eu não sabia me comunicar ou trabalhar com outras pessoas. Agora, as apostas eram mais elevadas e eu parecia estar me comunicando com êxito. Quem diria... Porque as pessoas estavam voltando. E alguns deles vinham me visitar enquanto o trabalho era feito.

Eu tinha encontrado um nicho onde muitos dos meus traços Asperger realmente me beneficiavam. Minha compulsão de saber tudo sobre carros me transformou num mecânico completo. Meu discurso preciso deu-me a possibilidade de explicar problemas complexos em termos simples. Minha forma direta de falar as coisas significava que eu dizia aquilo que as pessoas precisavam ouvir sobre os seus carros, o que foi bom na maioria das vezes. E minha incapacidade para ler a linguagem corporal ou aparência significava – em uma indústria onde a discriminação grassa – que todos eram tratados da mesma forma.

Perdi dinheiro, no começo, porque tive de aprender o negócio, o que foi, em certa medida, uma lição de humildade. Antes de trabalhar nisso, sempre achei o conserto de automóvel como algo fundamentalmente mais simples do que, digamos, a engenharia. Após ter feito as duas coisas, eu sei que não é verdade. Se não for por mais nada, lidar com o conserto de automóveis é mais difícil para mim porque devo usar um tipo diferente de habilidades – um tipo que eu nunca tinha desenvolvido antes. Eu tinha de adquirir uma vasta gama de novas competências, e rápido. A maior delas era a capacidade de lidar com as pessoas de uma maneira tão amigável, que as fizesse querer regressar.

A minha escolha do tipo de carro fez a diferença, também. Eu escolhi trabalhar com carros de luxo, como Rolls-Royces e Land Rovers, porque adorava a forma como eram feitos. Eu apreciava o interior de um Rolls-Royce: era uma peça de fino mobiliário. Cada Rolls-Royce é uma obra de arte, algo que um aficionado por carros como eu sabe apreciar. Em contraste, adorava a simplicidade rude dos Land Rover Defenders. Desde a primeira vez que eu vi um Land Rover – nas páginas da *National Geographic* – jurei que, um dia, teria um desses para mim.

Esses carros, em geral, tinham proprietários mais abastados e mais bem educados. Pessoas assim eram mais aptas a aceitar um Asperger excêntrico como eu; além do mais, eles tinham um incentivo adicional. Não havia muita gente capaz de mexer num Land Rover ou Rolls-Royce na região. Na maioria das vezes, as oficinas mais próximas ficavam em outras cidades

No começo, eu fazia tudo – consertos, faturamento, programação e planejamento. Como o negócio cresceu, contratei um técnico para trabalhar nos carros comigo, e depois outro, e outro. Depois de quase vinte anos em operação, a Robison Service já emprega uma dúzia de pessoas.

Quando eu trabalhava como administrador de uma grande empresa, estava na posição de dobrar meu pessoal aos caprichos do empregador. No entanto, muitas vezes entendi que os desejos dos patrões eram errados ou mal-concebidos, o que me deixava numa posição difícil: não conseguia impor esses desejos aos outros sem me sentir mal. Agora, como patrão, só preciso impor meus próprios desejos, e só faço isso quando realmente acredito neles. E isso me faz sentir melhor.

Antes de abrir meu negócio, eu só precisava interagir com um grupo de pessoas de cada vez: outros engenheiros, o pessoal do marketing, a família e um pequeno círculo de amigos. Eram, em sua maioria, pessoas que me conheciam ou pessoas que tinham ouvido falar de mim. De repente, meu novo trabalho me colocou de frente ao grande público. Qualquer um que tivesse um carro com problemas poderia me chamar, e eu teria que falar com ele. Eu nunca antes havia sido exposto a uma variedade tão grande de seres humanos.

Isso foi benéfico para mim de várias maneiras. Primeiro, a minha capacidade de interagir com as pessoas melhorou consideravelmente durante os primeiros anos. Meus amigos comentavam sobre como eu tinha me tornado "educado e agradável".

Também aprendi muito com meus clientes. Eles me ensinaram sobre gestão imobiliária, investimentos e princípios gerais de um negócio. Foi uma educação inestimável, que eu nunca teria obtido em nenhuma escola.

Em quinze anos, eu construí um mundo de máquinas, um mundo onde eu estava bem posicionado no centro. Trabalhávamos duro para resolver problemas cada vez mais difíceis. Tornamo-nos a oficina da última chance – o lugar que as pessoas procuram quando ninguém mais sabe o que fazer. Minha compreensão das máquinas, graças ao meu Asperger, tornou nossa empresa única no mundo do auto-serviço. As pessoas começaram a mandar Rolls-Royce, Land Rover, Mercedes e outros carros de lugares distantes. Eu tinha finalmente construído um lugar onde me sentia seguro e confortável.

E então recebi a chamada. Eu estava voltando do almoço, quando o meu telefone tocou. "Olá, Sr.Robison? Aqui é a Teri, do banco. Você pode falar um minuto com o Sr.Wagner? "Bill Wagner é o presidente do banco onde tenho conta.

Eu refleti sobre o que podia estar errado, por dez longos segundos. Então Bill entrou na linha. "O que está errado?" perguntei. "Nada", disse Bill.

"John, eu espero que você possa fazer parte do Conselho Administrativo do Banco." Fiquei atordoado. Eu? No conselho do banco?

"Eu ficaria honrado," foi tudo o que pude dizer. E eu percebi que, pela primeira vez, havia sido legitimado como uma parte da comunidade local; eu não era mais um pária.

23

Filhote de Urso

Na Primavera de 1990, no início de minha empresa e começando a perder todo o meu dinheiro, eu ganhei um filho. Sua mãe era Ursinho, e é claro que o chamei de Filhote de Urso. Cubby, mais curto. O nome de batismo é Jack, em homenagem ao meu avô, e sua mãe usava esse nome, mas para mim ele sempre foi Cubby, até hoje.

Embora eu estivesse animado e ansioso pela sua chegada, Cubby surgiu num período estressante em minha vida. Depois de viver junto por alguns anos, Ursinho e eu nos casamos em 1982. Mas as coisas passaram a ir mal entre nós quatro anos mais tarde, após o seu irmão mais velho Paul morrer em um acidente automóvel. Eu esperava que as coisas melhorassem com a chegada do Cubby. Ursinho passou a gravidez doente, e fiquei com medo de que meu filho nascesse doente, também. Ou que nascesse com duas cabeças ou três braços.

Ele nasceu em 11 de abril, às 12:15. Eu estava na sala de parto, para o evento. Como tinha lido muitos livros sobre o assunto, sabia bem o que esperar. Ele nasceu bem pequeno.

"Ele é pequeno, mas vai ficar bem", disse o médico. "Não há necessidade da incubadora." Evidentemente, não tinha idéia se ficaria bem, ou não. Eles diziam isso apenas para nos tranqüilizar, já que haviam feito apenas uma sumária inspeção externa. Mas eu tinha estudado as estatísticas de mortalidade infantil e eu sabia que este hospital tinha os menores índices.

Nesse primeiro dia, discretamente medi o bebê no meu antebraço e anotei o seu tamanho e aparência. Olhei Cubby bem de perto para gravar sua aparência e ter certeza de que o reconheceria no dia seguinte. Eu tinha medo de não conseguir fazer isso, o que seria um tanto embaraçoso e humilhante.

Todos os bebês ficavam numa ampla sala e a maioria estava em berços, embora alguns estivessem nas incubadoras. Fiquei satisfeito por ele ter um anel com um código preso à perna, porque apesar do que dizem sobre as mães reconhecerem os filhos, não se pode identificar um bebê com apenas um dia de vida no meio de tantos outros, a não ser em aspectos gerais, como saber se é menino ou menina, por exemplo. É claro que, se seu filho tiver uma perna a mais ou um braço a menos, ele será facilmente identificável, mas a maioria dos bebês era virtualmente idêntica.

No segundo dia, percebi que meus receios estavam infundados. Quando cheguei, Cubby e sua mãe estavam na cama e fui checar a etiqueta em sua perna. Batia. Graças às minhas cautelas, tenho um alto grau de certeza de que o bebê que nasceu no hospital naquele dia, há dezessete anos, é o mesmo garoto que vive em casa hoje.

Nesse segundo dia, Ursinho e o bebê tiveram alta e ela foi levada ao carro em uma cadeira de rodas, com Cubby embrulhado em seu colo. À medida que foram saindo, eu percebi que o hospital não tinha nos dado muito em troca dos $ 4.400 que nos cobraram. Nenhum acessório. Nenhuma roupa. Nenhum brinquedo. Apenas um bebê.

Nunca descobri porque insistiram em levar Ursinho em uma cadeira de rodas. Afinal, ela entrou conversando e andando em suas próprias pernas. Ela não estava doente, aliás estava até mais leve. Me fez lembrar os carros que entram funcionando nas oficinas e voltam para casa levados pelos guinchos, alguns dias depois...

Quando Cubby estava com três dias de idade, eu o levei para o trabalho comigo e o mostrei pela vizinhança. Todos o elogiavam e admiravam. Ele não fazia muita coisa, mas tenho certeza de que estava apreciando tudo aquilo.

Eu ainda não tinha conhecimento da Síndrome de Asperger quando Cubby nasceu, mas sabia que eu tinha sofrido um bocado quanto a me relacionar com as pessoas, então desejava que Cubby não sofresse tanto.

Pensei muito sobre a forma de conseguir fazer isso, e uma das minhas idéias foi apresentá-lo para o maior número de pessoas interessantes que pudesse. Ele era fácil de transportar, e olhava atentamente a todos e a tudo. Eu abria meu casaco de náilon e o colocava na abertura, deixando suas mãozinhas para fora, fechando o zíper até a metade – meu filho ficava preso firmemente. Mas só para ter certeza, eu sempre fechava as cordas do meu casaco, abaixo da cintura, assim ele não correria o risco de escorregar pela fenda. Eu vi muitas vezes as pessoas olhando Cubby preso pelo zíper daquele jeito, acenando os bracinhos, mas raramente alguém disse alguma coisa.

"Este é o Cubby", eu diria, apontando no meu casaco, de onde ele olhava com serenidade. Eu não via a hora em que ele ficasse um pouco maior para poder fazer mais algumas coisas. Chegava até a sonhar acordado, sobre o dia em que ele estaria me ajudando nos trabalhos de casa – aparando a grama do jardim e lavando o carro. Mas esse dia nunca chegou. Claro, Cubby cresceu, mas ficou provado para mim que sempre foi extremamente difícil – eu diria até impossível – conseguir extrair algum trabalho produtivo da parte dele.

Mas eu estou me adiantando...

Quando Cubby era pequeno, tentei mostrar-lhe tudo o que os adultos faziam. Quando eu trabalhava em um carro, eu o sentava no capô. Ele não falava muito nessa época, então não sei dizer o que ele pensava sobre isso.

No começo, ele não era muito interessante, porque não fazia nada, mas depois ele começou a gritar. Eu o tirava do cesto e deixava que dormisse sobre meu peito, porque tinha lido que os batimentos cardíacos de um dos pais acalmavam os bebês. Mas se Cubby continuasse a chorar, eu o apertaria firmemente contra mim.

Nesse momento, eu cantava um mantra para ele: "Tranqüilo e dócil animal. Tranqüilo e dócil animal. Tranqüilo e dócil animal. Tranqüiiiiiiiiiiiiiiiloooooooo e dóóóóóóócillllll animal." Então, se eu o achatasse bastante e murmurasse esse mantra por tempo suficiente, ele iria parar de se debater e dormiria...

Eu gostava quando ele dormia sobre meu peito, exceto quando fazia xixi, babava ou vomitava. Mas eu tinha medo, também, de rolar sobre ele e sufocá-lo. Mas acho que os pais têm um instinto para essas coisas, porque nunca fiz isso.

Compramos um berço quando Cubby começou a engatinhar e a falar. Ele vinha até mim de dentro do berço e dizia "Atira bebê, atira bebê," porque adorava quando eu o pegava e jogava para o ar, vezes sem conta. Ele nunca se cansava dessa brincadeira. Ele tinha a mais notável confiança na minha capacidade de pegá-lo no ar. Se eu fosse ele, teria receio de que a pessoa que me atirasse para cima não conseguisse me pegar e eu me esborracharia no chão.

Começamos a ler livros juntos. Ele amava o Dr.Seuss. Eu li os livros tantas vezes que poderia dizer as palavras de memória, sem virar as páginas. Um dia, fiquei chateado com essa repetição e comecei a fazer alterações sutis. A história se transformou em:

Um peixe
dois peixes
peixes pretos
peixes azuis
eu como, você pesca

E

Veja todos eles
Veja eles correndo
O homem lá atrás
Ele tem uma arma.

Eu gostei de minhas improvisações, porque rompiam a monotonia da leitura, a mesma coisa, vezes sem conta. Mas apesar da suavidade com que eu trabalhei essas modificações, Cubby percebeu e não gostou.

"Lê direito, pai!"

Então, comecei a inventar histórias. Isso funcionou melhor, porque ele não tinha nada com o quê comparar, mas foi difícil porque tive que criar as histórias na hora em que as contava. As favoritas eram sobre Gorko, Uuudu, e Wuudu. Eles eram lagartos voadores que viviam em Flying Lizard Land, mas agora eles estavam bem aqui. Eu introduzia esses personagens nos livros de Cubby e ele amava. Ele gostava especialmente do Thomas, o Tanque – seu trenzinho. Principalmente quando era levado para a terra dos lagartos pelos lagartos de transporte.

Passamos muitas horas agradáveis, olhando pelas janelas do carro e vendo os lagartos voadores flutuando na brisa.

Também contei a ele histórias sobre de onde ele tinha vindo. Parece que todas as crianças gostam disso. Contei a ele sobre a Loja das Crianças, e sobre como ele estava numa prateleira e nós o escolhemos. Ele pareceu orgulhoso em saber que era o último modelo, o bebê mais caro da loja. Claro que, mais tarde, na escola, Cubby recebeu as devidas explicações sobre o assunto, mas até então, ele estava muito contente com a história que eu havia contado.

Nós também construíamos coisas juntos, especialmente Lego. O problema é que ele insistia em fazer as construções exatamente como estava escrito nas instruções, e Ursinho o incentivava a fazer isso. Eu não suportava, era preciso modificar as coisas. Mas Cubby detestava quando eu o fazia, em especial quando via meus astronautas com duas cabeças. "Faz eles direito, pai!"

Eu trabalhava muito quando Cubby era bebê. Ursinho passava a maior parte do tempo com ele, por isso, ela merece todo o crédito pelo seu treinamento básico. Talvez tenha sido melhor assim – afinal, o meu treinamento básico referencial não foi dos melhores e eu não poderia jamais ser modelo para coisa nenhuma. Mas quando ele passou a poder mover-se sozinho, passei a levá-lo em expedições todos os domingos. Domingo era nosso dia especial, o "Dia da Aventura."

Eu o levava a todos os lugares que os meninos gostam: pátios de trens, docas, aeroportos, museus, bares e restaurantes. Cubby era fascinado por pingüins e nós íamos vê-los com freqüência, nos aquários de Boston e outras cidades. Um dia, quando ele estava com sete anos, chegamos ao aquário mas estava fechado. Porém, pessoas elegantemente vestidas estavam entrando por uma porta, para algum tipo de recepção. Nós também entramos, num momento de distração dos porteiros.

Todas as pessoas estavam sentadas, olhando para o aquário e a área dos pingüins estava apagada. Foi para lá que nós fomos e Cubby começou a conversar com as aves:

"Uuuuuu,uuuuuuuuu!Uuuuuuuu!"

O mais impressionante é que os pingüins responderam! Meu filho e os pingüins ficaram conversando por quase uma hora, naquela noite!

Sempre relembro os nossos passeios com carinho. Ele adorava viajar e nós rodamos por quase todo o estado, naquela época.

Um dia, estávamos indo para o porto de Boston, onde tentaríamos ver alguns navios de carga, rebocadores e talvez um navio-tanque. Ambos adorávamos qualquer tipo de máquinas. Na estrada, virei-me para ele e perguntei:

"Você sabia que o Papai Noel trabalha num porto?"

"Trabalha nada!" Cubby tinha cinco anos, e não gostava nem um pouco quando eu contava essas coisas estranhas sobre seus heróis infantis. Mas o problema é que eu nunca suportei as baboseiras dessas histórias para criança, eu *precisava* dar uma melhorada nelas.

"O que você acha que o Papai Noel faz enquanto não chega o Natal?"

Cubby pareceu desconcertado. Estava claro que ele nem havia considerado a possibilidade de que o Papai Noel *deveria* fazer alguma coisa o resto do ano. Como todas as outras crianças, ele esquecia do bom velhinho a partir de 26 de dezembro, e voltava a se lembrar dele no próximo novembro.

"Pois ele tem um emprego, como todos os outros adultos!"

"E o que ele faz?" Ele estava em dúvida.

"Ele opera uma grua no porto de Rotterdam. Ele passa os dias descarregando navios com gruas. Nós vamos ver uma dessas em Boston. O Papai Noel tem um monte de amigos que pilotam os navios e dirigem os caminhões. Talvez alguns deles estejam hoje no porto."

Passaram-se alguns minutos e Cubby perguntou:

"O que é uma grua?"

Agora, ele estava interessado: "São guindastes que pegam os contêineres dos navios e os colocam em caminhões, para que possam ser entregues às lojas e armazéns e fábricas. Estamos indo ver um hoje, descarregando um navio."

Um minuto ou dois se passaram enquanto Cubby refletia sobre a idéia de Papai Noel trabalhar num estaleiro. Ele perguntou: "Vamos ver duendes no estaleiro?"

"Talvez", eu disse. "Olhe atentamente o pessoal sobre o navio. A maioria dos navios tem tripulações com duendes e marinheiros das Filipinas. A aparência é semelhante, mas se observarmos com cuidado, saberemos quais são, porque os duendes são menores. Os duendes são difíceis de ver porque ficam fora de vista quando o navio está perto da costa, de modo que eles não sejam raptados por pessoas com más intenções."

Cubby não perguntou por que razão as pessoas más iriam querer raptar duendes, mas eu podia ver que ele estava pensativo.

Logo, chegamos ao porto e saímos em um cais em frente a um grande guindaste amarelo. O guindaste tinha quatro pernas enormes prendendo-o à doca. Ele tinha um braço com um gancho que descia para agarrar os contêineres no navio. Li o nome do navio, MSC Fugu Island, e Cubby perguntou: "O que é Fugu Island?"

"É uma ilha de duendes no Pacífico. Fica no caminho da Flying Lizard Land". Ao falar da Flying Lizard Land, Cubby olhou para cima, para ver se algum dos grandes lagartos era visível, circundando lá no alto.

"Esse navio deve ter duendes a bordo."

Nós ficamos vendo como o guindaste levantava a carga do navio e li os nomes para Cubby. Hyundai. Hanjin. Cosco. APL.

Eu disse: "Estes são os nomes das companhias marítimas. Se alguém quiser mandar alguma coisa para outro lugar de navio, eles chamam essas empresas e elas colocam suas coisas num desses contêineres." Cubby estava começando a compreender.

"A maioria de seus brinquedos provenientes da China veio em um desses. Seus sapatos também. E o computador da mamãe." Cubby ficou impressionado. Ele não tinha idéia de que suas roupas e brinquedos tinham viajado pelo mundo.

O Fugu Island tinha pelo menos 250 metros de comprimento, o maior navio que Cubby já tinha visto. Um rebocador passou ao lado e parecia um navio de brinquedo, em comparação. Apontei um canto no navio, no meio de duas caixas.

"Olha lá! Duendes!"

"Uau! Duendes!"

Logo que os vimos, eles desapareceram. Eles pareciam ter um sexto sentido para quando alguém os tivesse observando. De vez em quando, víamos um duende no canto do olho, mas quando nos virávamos, ele sumia.

Cubby disse, "Puxa, se eu tivesse uma rede..." Então ele teve um pensamento natalino, do nada. "E as renas? O que elas fazem quando o Natal acaba?"

"Bem", eu comecei, " as renas são escaladas para shows, hoje em dia. Pense em todas as crianças do mundo. A população tem crescido muito, desde que o Papai Noel começou seu negócio, há cem anos. Não há como ele entregar todos aqueles presentes pilotando um trenó puxado por renas. Hoje, os presentes são transportados por navios e caminhões. Então, eles usam as renas para tirar fotos para cartões de Natal e coisas do tipo. O resto do tempo, elas vivem em uma fazenda de renas na Finlândia. Talvez nós possamos vê-las um dia. "

No cais, uma fila de caminhões estava sendo carregada com a carga do navio. "Veja", eu disse. "Aquele é Butch, amigo do Papai Noel, dirigindo o caminhão!" Cubby acenou para ele. Butch acenou de volta, enquanto dirigia o caminhão para fora do estaleiro.

Do outro lado do cais, a fumaça começou a sair das chaminés do navio e Cubby perguntou se eles estavam prontos para ir embora. "Provavelmente, sim", eu disse. "Mas não vimos rebocadores, ainda. Duvido que eles saiam antes de escurecer. Você sabe, Cubby, Papai Noel e os seus amigos descansam depois do trabalho numa lanchonete aqui perto. Quer ir lá e comer um hambúrguer?"

Cubby estava com fome. Nós fomos para lá e eu pedi sanduíches e refrigerantes. Cubby olhou ao redor.

"Tem amigos do Papai Noel por aqui?" Vi alguns motoqueiros, alguns caminhoneiros, trabalhadores portuários, uma cafetina, e duas prostitutas. Numa mesa de canto, cinco rapazes estavam jogando cartas.

"Não sei", eu disse. "Ele já é bem velhinho, dá para se notar pela barba branca. Ele trabalhava nesse negócio nas docas desde que seu pai ensinou isso a ele, que por sua vez aprendeu com o avô e assim por diante."

"E por que ele está em Rotterdam?" Cubby tinha apenas cinco anos na época, e eu não queria chocá-lo com escândalos, de forma que disse apenas, "Ele teve alguns problemas com a lei, e por isso teve que se ausentar da cidade."

Cubby estava fascinado e ansioso para ir para casa e contar a sua mãe e aos seus amigos o que ele tinha aprendido. "Veja aquela lança sobre o bar." Cubby olhou para cima. Tal como a maioria dos meninos na sua idade, ele amava armamentos. "É chamado de arpão. Era do bisavô do Papai Noel. Ele caçava baleias com isso. Ele pode ter usado o arpão para afastar os ursos polares quando tinham que andar pela neve, no Pólo Norte."

Cubby estava com os olhos bem abertos. Ele devia estar se imaginando domando um urso polar nas docas, cutucando-o com o arpão. Nossa comida chegou, e era o final da tarde quando voltamos para casa.

Passariam ainda mais alguns anos antes de Cubby parar de acreditar em minhas histórias. Até então, ele olhava os céus para ver os lagartos e procurava duendes sempre que víamos um navio.

Algumas evidências sugerem que a Síndrome de Asperger pode ser herdada. Quando descobri sobre o meu próprio Asperger, Cubby tinha seis anos, e fiquei imediatamente preocupado de que ele também pudesse ser como eu. E ele é, mas em menor grau. Enquanto ele crescia, eu o observava cuidadosamente e me lembrava dos tempos em que eu lutava contra isso, na infância. Às vezes, eu o assistia cometendo os mesmos erros que eu, e me encolhia de medo. Então, superava a situação e tentava explicar o que estava acontecendo, e isso pareceu funcionar. Cubby começou a fazer amigos e cresceu sem os meus piores traços da síndrome.

Agora que é um adolescente, a diferença entre eu e Cubby é vertiginosa. Na sexta-feira à noite, ele convida seis ou sete amigos, e eles conversam e riem e assistem TV e comem pizza até à meia-noite. Ele é a alma da festa – coisa que sonhei em ser, mas nunca consegui realizar.

Em outras coisas, somos muito similares. Ele é abençoado com o meu dom para a matemática e a forte imaginação. Aos dezesseis anos, recebeu várias notas vermelhas porque estava aborrecido com as aulas, mas o seu conhecimento de cálculo excedeu aos dos professores. E ele compartilha meu fascínio com pirotecnias. Ele fez sua própria pólvora, e detonou várias bombas caseiras na várzea atrás da nossa casa. Foi muito impressionante.

Tenho certeza absoluta de que Cubby irá realizar um outro sonho da minha infância: formar-se na escola e fazer a faculdade.

Ele tem suas próprias idéias e, hoje, sou de pouca utilidade para ele. Aos nove anos, ele se tornou muito difícil de enganar. Aos treze, era quase impossível. Agora, ele tenta aprontar conosco, e faz isso sempre com as crianças menores.

No verão passado, quando ele achava que eu não estava olhando, eu vi Cubby dizendo aos garotos do bairro que havia dragões vivendo nos esgotos, sob a nossa rua.

"A gente dá carne pra eles", disse, enquanto jogava pedaços de hotdog através da grade, "e então eles não ficam famintos e nem sopram fogo e assam a gente."

O pequeno James escutou atentamente, com uma expressão muito séria no rosto. Em seguida, ele correu para casa para pedir alguns hotdogs para sua mãe. Fiquei muito orgulhoso de Cubby.

24
Aos 40, um diagnóstico

Aos quarenta anos, eu tinha conseguido fazer e manter alguns amigos, um dos quais é um terapeuta muito criterioso, TR Rosenberg. Certo dia ele telefonou, querendo comprar um Land Rover. Como, por acaso, eu estava com um vermelho, fui até sua casa mostrá-lo. TR decidiu testar o Rover em algumas trilhas fora da estrada, para comparar com o Suzuki que ele possuía, então fomos até o Green River, na fronteira com Vermont. Nesse ponto, a trilha acabava no rio, em um local onde carroças puxadas por bois atravessavam até o outro lado. A estrada era um V, cercada por altos barrancos dos dois lados e não havia espaço para manobras, as únicas opções eram ir para a frente ou para trás, em linha reta.

TR parou perto do rio e saiu do carro. "É melhor você guiar. Não me sinto confortável dirigindo de ré até o alto da colina." Olhei para trás. Eu não estava nada ansioso para guiar o Rover por essa estrada íngreme. Mas vi quando o carro de boi saiu da estrada, do outro lado do rio, a cerca de cem metros. Talvez eu não tivesse que voltar de ré.

Não pode ser tão fundo, se os bois puxam carroças por aí. Fui até a margem e podia enxergar as pedras no leito do rio. Voltei ao carro.

"Vamos!" eu disse. E dirigi direto para o rio. A água cobriu o capô e TR se encolheu, alarmado. *Mais fundo do que eu pensava.* Acelerei o motor e o jipe subiu para uma parte menos profunda, no meio do curso d'água. Nas bordas, a profundidade devia ser de uns dois metros.

Eu podia ouvir a água borbulhar na parte de trás, onde o escape estava submerso. Acionei o motor, engatei a marcha reduzida e subi a outra margem, enquanto as rodas escorregavam um pouco nas pedras. "Pronto," disse, com um ar vitorioso. "Você pode pegar o volante, novamente."

TR não disse nada. Mas, quando voltamos, comentou que seu Suzuki não faria aquilo jamais e comprou o Land Rover.

Desde esse dia, saímos outras vezes e nos tornamos amigos. Para um sujeito robótico e mecânico como eu, TR é uma companhia inigualável. Ele é caloroso e amigável, e também muito perspicaz. Ao longo dos anos, TR tinha notado algumas coisas estranhas em mim, mas ele nunca disse nada. Um dia, já me conhecendo há dez anos, decidiu me contar sobre suas observações. Mas ele refletiu algum tempo antes de fazer isso, no entanto. Ele estava preocupado com a forma como eu iria reagir. Afinal, eu era bastante normal na maior parte do tempo. Eu tinha montado um bom negócio. Era capaz de conversar com as pessoas e elas se davam bem comigo, embora algumas me achassem um tanto estranho. Eu tinha uma esposa e um filho. E não estava com problemas com a lei, não bebia nem usava drogas.

Um dia ele veio me visitar na hora do almoço e disse. "Os terapeutas não costumam analisar os seus amigos, se pretendem ter amigos. Mas tem um diagnóstico neste livro que se encaixa direitinho em você. Gostaria que você o lesse e depois me dissesse o que pensa sobre isso." Ele me entregou o livro "A Síndrome de Asperger", de Tony Atwood.

Peguei o livro, desconfiado, "O que é isso?"

Pensei, *Dez segundos atrás, eu ia comentar com ele sobre a nova escavadeira da Caterpillar, que vai competir na Ásia com a Komatsu, e ele me vem com isso?*

Percebendo a minha desconfiança, ele rapidamente continuou, "Sinto muito trazer isso deste modo, mas pensei bastante antes de fazê-lo. Este livro descreve exatamente como você é. Seu fascínio pelos trens e máquinas... Está tudo aqui. A forma como você fala. A forma como olha para as pessoas, e como é duro para você fazer contato visual. A maneira como você pensa."

"Então, existe uma cura?" Eu perguntei.

"Não é uma doença", explicou. "Então não precisa de cura. É apenas como você é."

Sentados à mesa, eu comecei a folhear o livro. Uma das primeiras coisas que li foi esta:

Critérios para o Diagnóstico 299.80 – Para a Síndrome de Asperger

Comprometimento Qualitativo na interação social, manifestado por pelo menos dois dos seguintes aspectos:

Marcada e acentuada diminuição na prática dos comportamentos não verbais e suas variantes, tais como: a fixação do contato visual (olho no olho), expressão facial, posturas corporais e ajustes gestuais adequados às interações sociais.

Pois bem, pensei, isso certamente me descreve. Não olho para as pessoas, faço expressões erradas e gesticulo quando eu deveria ficar quieto... Isso era eu, o que não me parecia muito bom. Continuei a leitura.

Falhas e deficiências tanto em desenvolver como em progredir nos relacionamentos que sejam mais apropriados para o desenvolvente, para estabelecer a sua evolução pessoal.

Isso me cabe como uma luva. Quando eu era mais jovem, nunca tinha sido capaz de me relacionar com crianças de minha idade.

Carência de espontaneidade na busca e encontro do divertimento prazeroso, nos interesses ou realizações com outras pessoas. Por exemplo, como na falha em exibir, em trazer ou pontuar determinados objetos que sejam do interesse das pessoas ao seu redor.

Bem, isso era óbvio. Se eu não conseguia interagir com outras pessoas, como poderia mostrar coisas para elas? Isso era eu, também.

Falta de reciprocidade social ou emocional.

Já tinha ouvido isso antes.

Eu logo percebi que TR tinha razão. Ele me encaixara no diagnóstico. Completamente. Foi como uma revelação. Eu percebi que todos os psicólogos e psiquiatras que me examinaram quando criança não tinham percebido nada do que TR notara.

Quando criança, eles tinham dito que eu era esperto, mas preguiçoso. Lendo aquelas páginas, percebi que não era preguiçoso, era apenas diferente.

Eu sabia que eu não olhava para as pessoas quando falava com elas. Droga, eu tinha sido espancado e criticado por isso durante toda a minha infância. Mas até ler esse livro, eu nunca tinha entendido que o meu comportamento era incomum. E nunca tinha entendido porque as pessoas me tratavam da forma como elas faziam, pois nunca tinha me ocorrido que as outras pessoas achavam aquilo uma atitude desconcertante. A resposta à pergunta "Por que você não me olha nos olhos, rapaz?" estava lá, naquele livro.

Existem outras pessoas como eu. Tantas, que na realidade, eles até deram um nome para nós. Continuei lendo e minha cabeça girava.

Eu tinha passado grande parte da minha vida ouvindo as pessoas me dizerem como eu era arrogante, indiferente, pouco amigável. Agora, leio que as pessoas com Asperger *demonstram expressões inapropriadas.* Bem, isso eu conhecia profundamente. Quando eu era criança, me disseram que minha tia havia falecido e eu sorri, mesmo estando triste. Tomei uma bofetada.

Ler essas páginas foi um enorme alívio. Toda a minha vida, eu me senti como se fosse uma fraude ou, pior ainda, um sociopata à espera de ser descoberto. Mas o livro contou uma história muito diferente. Eu não era um assassino atrás de minha primeira vítima. Eu era normal, na medida em que sou o que sou.

Como puderam os assim chamados profissionais da saúde estarem tão completamente errados?

Para ser justo, a Síndrome de Asperger não foi reconhecida como uma condição distinta no *Manual Diagnóstico e Estatístico de Transtornos Mentais*, a bíblia dos profissionais da saúde mental, até muito recentemente, quando eu estava nos meus trinta anos. O resultado foi que passei muitos anos procurando me adaptar a uma condição que não sabia que eu tinha. Aprender sobre Asperger foi realmente uma experiência de mudança de vida.

Uma das coisas mais surpreendentes que aprendi foi a de que Asperger é uma *condição dentro do espectro do Autismo*. Ou seja, é uma forma de Autismo. Se alguém tivesse sugerido que eu tinha um transtorno ou traço autista quando criança, eu teria dito, "Você é doido!" Para mim, uma pessoa autista era alguém que nunca falava nada; para as pessoas da minha geração, Autismo era quase como estar morto em vida. Eu não tinha idéia do grande espectro que realmente existe, com pessoas profundamente comprometidas em uma extremidade e pessoas como eu, na outra.

Eu acho possível que, mesmo que tivesse sido diagnosticado aos seis anos, ninguém teria acreditado. Talvez nossa cultura precise evoluir mais para que condições sutis como a minha possam sobressair, dentro do grande ruído que é a nossa sociedade.

Se os meus pais tivessem sabido a causa de meu comportamento, e agido de acordo com esse conhecimento, a vida poderia ter sido muito diferente para mim. Ela foi repleta de chances perdidas porque eu não me encaixava nas condições "normais."

Saí da escola cedo, apesar dos testes de inteligência evidenciarem que eu era alguém tão apto quanto muita gente diplomada na universidade. Um certo número de professores me encorajou a fazer a faculdade, mesmo tendo abandonado o ensino médio, mas não quis arriscar, porque estava muito irritado pelo meu fracasso. E também não queria permitir que outra escola tentasse me encaixar em seu modelo, porque eu poderia falhar mais uma vez.

Saí da Fat, a primeira banda onde estava, porque eu não podia fazer face às interações pessoais necessárias, em uma casa com dez pessoas. E muitos dos meus relacionamentos anteriores não deram certo por causa do meu estilo de comunicação invulgar.

Houve também oportunidades de carreira perdidas. Certa vez, me chamaram para uma entrevista na Lucasfilm, lugar ideal para as minhas competências criativas, mas fiquei com medo de ir e ser despedido, depois de ter cruzado todo o país. Por isso saí da cena musical, embora estivesse mais feliz lá do que jamais estive, até então.

Depois de ler o livro, comecei a entender as diferenças entre a forma como eu agia e como as pessoas "normais" agiam em diferentes situações. Comecei a fazer um esforço consciente para olhar as pessoas nos olhos, e mesmo quando olhava para o chão, enquanto elaborava uma resposta, aprendi a olhar para a pessoa ocasionalmente.

Aprendi a pausar antes de responder, quando as pessoas me abordam e começam a falar. Eu me treinei a dar respostas talvez um pouco excêntricas, mas pelo menos não totalmente piradas como costumava fazer. Quando alguém diz, "Ei, John, como vai?", eu já sei responder: "Estou bem, Bob, e você?" ao invés de "acabo de ler sobre os novos motores diesel MTU que vão instalar nos navios. O sistema de controle do motor eletrônico é fascinante."

Eu sempre tento lembrar de perguntar sobre pessoas próximas de meus amigos. Quando vejo alguém que não via há algum tempo, às vezes me lembro de dizer coisas como "Como vai Mallory na faculdade?" ou "A sua mãe já saiu do hospital?" Isso se tem revelado muito difícil de fazer, mas eu continuo me esforçando.

Mudanças como essas fizeram uma enorme diferença na forma como as pessoas me vêem. Tenho deixado de ser encarado como um maluco e agora sou apenas excêntrico. E posso assegurar, é muito melhor ser excêntrico.

Aprender sobre o meu Asperger me tem beneficiado de outras maneiras, também. Eu falava sobre me sentir como uma fraude, à espera de ser descoberto e ser jogado no lixo da humanidade. Era bem assim que eu me sentia, porque eu não conseguia fazer nada da forma habitual. Eu não concluí a escola. Não conseguia fazer as coisas pelo modo usual. E sempre ignorei as regras.

Por causa disso, eu nunca me senti legitimado. Agora, com a compreensão sobre minha condição, esses sentimentos negativos se foram, ou pelo menos, grande parte deles.

Agora sei que o conhecimento que tenho é verdadeiro. Quando eu trabalhava como engenheiro, a minha capacidade de criar belos amplificadores e equipamentos era real. A minha habilidade de imaginar incríveis efeitos especiais era real, também. E agora que estou mais velho, pude perceber como essas habilidades são raras.

Há muitas pessoas em todo o mundo cujas vidas são controladas por regras e rotinas. Essas pessoas nunca serão felizes comigo, porque eu não me acomodo. Felizmente, o mundo também está cheio de pessoas que se preocupam apenas com os resultados, e tais pessoas estão – em geral – contentes comigo, porque o meu Asperger obriga-me a ser o perito máximo em qualquer campo de interesse que eu escolher. E com amplo conhecimento, posso obter bons resultados.

Portanto, eu não sou incompleto, imperfeito. De fato, nos últimos anos, eu comecei a ver que os Aspergers são até *melhores* do que o normal! E agora, parece que os cientistas concordam: artigos recentes sugerem que um toque de Asperger é uma parte essencial de muitos gênios criativos.

25

Montagunianos

Os nomes têm sido uma fonte de dificuldades para mim, desde que me entendo por gente, porque aqueles que eu uso não são freqüentemente o que as outras pessoas esperam. Em alguns casos, as pessoas que são objeto de meus nomes chegam a ficar irritadas. Reclamações como "Não sou Chubster! Sou Martha!" acabam se tornando familiares para mim. Bem, Martha será sempre Chubster, a menos que eu adote um nome diferente por algum motivo, tal como a sua ordem de aparição entre suas irmãs.

Porque ela é Chubster? Porque na época em que lhe dei esse nome, ela estava com uma forte obsessão em ficar magra. E que outro nome seria apropriado para uma pessoa obcecada com peso? Portanto, Chubster[1] serve, a não ser que você queira usar o diminutivo, que é Chubbykin.

Para ser atencioso, tenho tentado, em diversas ocasiões, usar um nome diferente daquele que escolhi. Mas simplesmente não consigo fazê-lo. Quando tento chamar Chubster de Martha, eu engasgo. O nome Martha não funciona para mim. Mas você pode chamá-la de Martha, se quiser. Não vou me importar. Eu não imponho o uso de meus nomes aos outros.

Eu chamo a casa onde moro hoje como A Casa. Se, no futuro, eu comprar casas adicionais, eu irei referir-me a elas como Habitação 1 e

---

1 N.T. – Chubby é o adjetivo carinhoso que se dá para uma pessoa bochechuda, de rosto cheio, gordinha. Provavelmente, o autor fez uma ligação com peso e criou essa palavra.

Habitação 2, mas até agora A Casa tem sido um nome adequado e funcional para qualquer casa em que tenho morado.

As únicas exceções à regra foram os breves períodos em que ocupei O Apartamento, ou A Tenda, ou A Cabana, ou A Choupana. Esses momentos foram consideravelmente menos agradáveis do que os tempos passados na Casa, por isso não penso muito sobre eles. Os menos agradáveis – e, felizmente, muito temporários – arranjos domiciliares para mim foram O Lixão e A Cadeia, mas estão praticamente esquecidos.

Meus nomes para os seres não-humanos são claros e descritivos. Eles nunca são complicados. Por exemplo, considere Cão e Poodle. Não há dúvidas sobre o que eles são. Por isso, estes nomes são bons, verdadeiros e adequados.

Meu irmão, que não tem Asperger, ganhou um cão e chamou-o de Kitty Kitty. Eu jamais iria fazer isso, mas ele persiste nesse caminho de batizar os animais com nomes fora dos padrões. Hoje ele tem dois cães. Um, ele chamou de Bentley. Creio que fez isso porque tenho um Bentley e ele gostou dele. No entanto, o meu Bentley é um carro, e antigo. Chamar um cão de Bentley é errado, apenas isso. O outro nome é ainda pior. Ele chamou o cachorro de Vaca. É um mistério para mim porque ele fez isso, já que, presumivelmente, meu irmão tem o mesmo material genético que eu. Às vezes, acho que ele faz isso só para me aborrecer.

Creio que as pessoas que escolhem nomes como esses não devem pensar com muita lógica. Talvez elas sejam do tipo de pessoa que já ouvi descrita como sendo "Oh! Tão dramática e emocional!" Ou talvez elas apenas sofram de algum tipo de disfunção, ou fixação infantil. Qualquer pessoa que converse comigo e com o meu irmão, e veja exemplos de como exercitamos essa prática de nomear animais, vai chegar a essa conclusão. Meu irmão, evidentemente, vai discordar.

Outro exemplo dessa disfunção é a pessoa que nomeia um animal de estimação como Molson[2]. Um cachorro não é uma garrafa de cer-

2 N. T.-Molson, marca de uma cerveja americana.

veja, não importa o quanto um proprietário alcoólico queira que seja. Confundir um cão com uma cerveja é um sinal de uma confusão mental profundamente enraizada.

Ao contrário de muitas pessoas, o meu irmão, na verdade, escolheu seu próprio nome. Ele nasceu como Christopher Richter Robison, mas ele não gostava de nossos pais, de modo que mudou seu nome para Augusten Xon Burroughs quando tinha dezoito anos. Nunca o chamei de Augusten, nem posso chamá-lo de Chris. Então, ele cresceu como Verme. O nosso primo Little Bob o chama de Xon, com o X pronunciado como um Z, mas isso também não serve para mim. Na ausência de um nome viável, acabo me referindo a ele como "meu irmão", sem realmente usar um nome.

Para o seu companheiro, Dennis, digo, "Onde está meu irmão?"

Para o meu filho, eu digo, "Onde está o seu tio?"

Para o meu irmão, eu digo, "Ei!"

Às vezes, tenho nomes alternativos, que refletem a função ou cargo, em oposição ao tipo. Por exemplo, a minha mulher tem duas irmãs, e, naturalmente, tinha uma mãe e um pai, também, até que faleceram. Por vezes, vários deles estavam juntos, e eu precisava apresentar um estranho a todos, como um grupo.

Em tal situação, eu apontava um dos pais e dizia: "Este é a Unidade Zero." Se Annie, a filha mais nova, estivesse presente, eu diria "Esta é Annie, a Unidade Três." Se Ellen estivesse lá, seria apresentada como, "Ellen, a Unidade Um." No caso de minha esposa estar presente também, eu diria, "Esta é Martha, a Unidade Dois".

Minhas descrições tornam a posição relativa de cada Unidade bem evidente, no esquema global das coisas, o que me parece perfeitamente razoável. Mais uma vez, temos um exemplo de nomenclatura funcional que é percebido como estranho, pelo público em geral.

Algumas vezes, as pessoas riam de meus nomes, o que feria meus sentimentos e me deixava furioso.

Mas persisti. Quando fiquei mais velho, passei a avaliar cuidadosamente o nome de cada pessoa ou coisa nova que conhecia e decidia, caso a caso, se iria aceitá-lo. Se eu não aceitasse o tal nome, fornecia um dos meus próprios, um que tivesse criado. Isto apresentava problemas, como quando outras crianças não compreendiam os nomes que estavam sendo oferecidos por mim, numa base do tipo "pegar ou largar". Olhando para trás, hoje posso compreender porque um menino pode não ter gostado de eu tê-lo chamado de Bolha, mesmo que o nome caísse como uma luva para ele, de tão repulsivo que era.

Pode haver algumas desvantagens nesse hábito. Por exemplo, quando Ursinho e eu nos divorciamos e eu casei de novo, ela perdeu o seu nome. Ela se opôs a continuar sendo chamada de Ursinho, porque lembrava a ela de momentos felizes quando estávamos juntos, e eu não tenho mais nada de reserva, a não ser chamá-la por "Ei."

Quanto mais próximas forem as pessoas, menor a probabilidade de chamá-las pelos nomes de batismo. Bobby e Paul, do trabalho, serão sempre Bobby ou Paul quando me referir a eles. Mas a minha mãe nunca será Margaret ou mãe, só "a minha mãe." (parei de chamar meus pais de Escrava e Estúpido quando saí de casa, aos dezesseis anos).

Às vezes, eu reconheço as convenções existentes e as utilizo, para surpresa das pessoas. É uma convenção aceita, por exemplo, que as pessoas que vivem nos Estados Unidos são americanos. As pessoas que vivem no Canadá são canadenses. Então, o que são as pessoas que vivem na cidade de Montague? Eu estava apresentando um advogado amigo e sua esposa para algumas outras pessoas, e eu disse: "Este é George e sua mulher, Barbara. Eles são advogados Montagunianos." Para mim, isso era uma apresentação perfeitamente sensata, mas George pareceu mortalmente insultado.

Eu tinha observado que as pessoas – quando encontram alguém pela primeira vez – invariavelmente fazem duas perguntas logo no início da conversa: "Onde você mora?" e "O que você faz?" Minha declaração respondia ambas as perguntas com muita economia de palavras, e sem espera ou demora. Por que eles ficaram ofendidos?

Isso era um enigma para mim. O que alguém de Montague poderia ser, senão um Montaguniano?

Talvez a idéia de ser um Montaguniano seja difícil de aceitar. Talvez ele estivesse inseguro sobre o quê exatamente era um Montaguniano, e se isso era bom ou ruim. Ou talvez as pessoas só gostem de "ser" coisas em grande escala. Não é ofensivo dizer "Bob é americano", nem é insultuoso dizer "Bob é muito alto." Mas falar: "Bob é um Montaguniano" evoca a mesma reação se a frase fosse "Bob é judeu" ou "Ele é uma bicha louca."

Essa última declaração evidencia a dificuldade que tenho em conversas. Em alguns casos, apresentar uma pessoa, dizendo, "Ele é judeu", ou "Ele é uma bicha louca" seria ofensivo, em pé de igualdade com "Ele é um ladrão de carros." Mas, em outros casos, parece ser algo complementar, ou até engraçado. Descobrir a diferença é um grande um desafio para mim.

Se você não consegue se identificar com o local onde vive, há apenas uma saída: mude-se para outro lugar. Eu aposto que George teria feito que sim com a cabeça, satisfeito, se eu tivesse dito: "Este é George, ele é um advogado de Nova Iorque." Afinal de contas, todos sabem que tudo é melhor nas grandes cidades – a comida, os shows da Broadway, os advogados, as garotas. Mas ele não é um nova-iorquino. Ele é um Montaguniano. E ele deve encarar esse fato com um sorriso, ou se mudar. Ele não tem o direito de ficar irritado comigo por causa disso. Não fui eu quem o colocou lá.

Após a reação dos advogados Montagunianos, refleti sobre o que significa ser "algo." Se você diz que é americano, as pessoas vão tirar algumas conclusões previsíveis sobre você, com base em seu conhecimento dos americanos. Mas e se você disser alguma coisa que as pessoas não reconheçam? Fora de Montague, a maioria das pessoas não sabe o que é um Montaguniano. Eu tentei evocar uma imagem mental do que poderia ser. Até pedi a algumas pessoas na rua que fizessem o mesmo.

Você também pode tentar – o que você pensa quando ouve a palavra "Montaguniano"? O seu Montaguniano é baixinho, troncudo e com uma testa comprida, em aclive até os primeiros tufos de cabelo? Será que ele anda meio corcunda, o ombro curvado para baixo, com um taco de beisebol em sua mão direita? Com as costas cobertas de pêlos? Será que ele poderia levantar sua picape com a mão esquerda? Ou o seu Montaguniano é um cara alto, magro e com um ar distinto? Ágil e limpo, com óculos de aros finos, usando um paletó esporte amassado? Talvez com um livro e um cachimbo nas mãos?

Se você for como eu, a sua idéia de um Montaguniano é igual ao primeiro exemplo, não o segundo. Eu acho que não gostaria de ser imaginado dessa forma, mas, novamente, eu não escolhi viver em Montague. E não há opção. Viver em Montague faz de você um Montaguniano.

Eu vivi entre Montagunianos durante muitos anos, por isso eu sei. Eu era um Chicopeano de Chicopee – uma cidade famosa em Massachusetts por ser a porta de entrada para Montague. Eu me mudei de lá e, como mágica, o taco de beisebol sumiu da minha mão e minha testa encolheu.

Portanto, apesar da minha crescente adaptação à sociedade mais polida, ainda tenho alguns problemas com os nomes que dou às pessoas ou coisas. E tenho certeza que outras pessoas com Asperger diriam que têm experiências similares.

O que é uma pessoa com a Síndrome de Asperger? Somos Aspergers.

26
Unidades Um a Três

A minha habilidade em escolher as pessoas com quem eu possa criar relacionamentos foi sempre inferior à minha habilidade em escolher coisas mecânicas ou eletrônicas. Pode me soltar em um estacionamento para encontrar um carro que nunca fez um conserto na lataria, e consigo fazer isso. Precisa de ajuda para escolher um trator ou um amplificador estéreo? Eu sou o cara.

O chato é que não tenho essa mesma habilidade com as pessoas. Pior ainda, as pessoas têm de me escolher para criar esse relacionamento. Embora digam que estou perfeitamente apresentável agora, em outros tempos fui um sujeito descabelado, relaxado, mal cheiroso, áspero e sujo. Talvez, nessa época, muitas pessoas altamente desejáveis tenham passado por mim. Não há como saber.

Ao escolher uma companheira potencial, sempre tive receio de rejeição. Então, tomava muito cuidado em mostrar sinais de interesse, porque a menina poderia me ridicularizar. As lembranças de garotas me apontando e rindo, nos poucos bailinhos da escola aos quais compareci, nunca estão suficientemente enterradas na minha memória. Eu escolhi Ursinho quando éramos muito jovens, e ela escolheu-me de volta. Vivemos muito felizes por alguns anos, mas isso não durou. À medida que crescíamos, tomávamos diferentes direções, e nossa relação terminou. Tive que voltar à fase da escolha, ou permitir-me ser escolhido mais uma vez, para encontrar a felicidade duradoura.

Martha, a minha próxima companheira, teve de escolher-me. Mesmo antes de ouvirmos falar de Asperger, vi que ela me olhava com muita atenção. Ela descobriu que me acalmaria se friccionasse meu pescoço. Ela também fazia cafuné e essas coisas me deixavam menos inquieto.

Agora que ela está ao meu lado, a vida é a melhor que já tive. Existe uma alegria e tranqüilidade que eu nunca antes havia experimentado. Eu não detesto voltar para casa, tal como fazia no final do meu primeiro casamento. Tenho uma casa onde me sinto confortável, e eu gosto de estar lá. Não tinha essa sensação desde que eu era uma criança, na Georgia.

Mas sempre houve uma questão, a mesma que muitos rapazes têm de enfrentar. Ela era realmente a melhor opção para mim? Há milhões de garotas no mundo, por isso é razoavelmente certo que existam outros bons pares para mim. Poderão ser ainda melhores. O que eu já tenho é motivo suficiente para justificar o encerramento da pesquisa? Creio que sim. Mas, e sobre as irmãs?

Martha é uma em um conjunto de três irmãs. Ela é a unidade central, a Unidade Dois. Uma vez que as Unidades Um, Dois e Três compartilham o mesmo material genético, diferindo apenas em treinamento e condicionamento, isso levanta a questão – eu recebi a melhor? Estou certo de que qualquer um iria concordar que, quando existem três exemplares de algo, apenas um tolo não escolheria o melhor dos três para si próprio. Na verdade, as três irmãs são razoavelmente semelhantes na aparência, na limpeza e na conservação. Formam um conjunto bem equilibrado, com exceção da Unidade Um, que é um pouco menor do que as Unidades Dois e Três. Fora as variações normais da mais jovem para mais velha, não há uma base visível para a decisão. A Unidade mais nova tem a vantagem da juventude, a mais velha, a vantagem de uma maior experiência. A Unidade do meio, que escolhi, representa o confortável meio-termo.

Infelizmente, para selecionar uma companheira dentro de um conjunto de três irmãs, geralmente é necessário estabelecer uma relação com uma delas, a fim de conhecer as outras duas. O que normalmente impede a pessoa de escolher outra irmã, depois que a seleção inicial foi feita. Esse foi certamente o meu caso. É um problema difícil, sem uma boa solução.

A menos que você acredite cegamente que sua primeira escolha foi a melhor, você estará em apuros.

Uma vez que sempre tive dificuldades em acreditar cegamente em qualquer coisa, eu tento tranqüilizar-me perguntando à Unidade Dois:

"Você acha que escolhi a melhor irmã?"

Muitas vezes, sua resposta é vaga.

"Depende para o quê você a escolheu", ou "Depende para quem você perguntar".

Eu tinha imaginado que ela gostaria de me tranqüilizar, dizendo algo como: "Claro que sou a melhor irmã." Fico perturbado quando ela não faz isso. Mesmo depois de todo esse tempo, não sei se ela está sendo simpática para as Unidades Um e Três, se ela não tem autoconfiança, ou se ela realmente não sabe. Duas das três possibilidades são inquietantes, para dizer o mínimo. Gostaria de poder ter certeza.

A parte mais preocupante é a seguinte: se uma ou ambas as unidades restantes tiver um companheiro, ele também poderia acreditar que está com a melhor unidade das três. Isso significaria que um de nós está errado? É uma perspectiva assustadora, para um pensador lógico como eu.

Essa situação com irmãs pode ser semelhante ao que acontece em uma revendedora de automóveis. Por exemplo, digamos que três de nós nos dirigíssemos para uma revendedora de Mini Coopers. Um de nós escolhe o Cooper vermelho, com bancos de couro. O outro leva o Cooper conversível amarelo. E o terceiro fica com o Cooper S coupê. Se não houver disputas entre nós, um observador poderia concluir que cada um pensou ter comprado o melhor carro, dependendo do uso que desejasse para ele, como disse a Unidade Dois.

Porém, é bem possível que dois de nós tenhamos feito a escolha errada, e isso só será possível de ser confirmado depois da próxima revisão.

Isso pode acontecer na questão das irmãs, também, com uma importante diferença. Quando escolho um carro, é uma escolha solitária, mas para ser bem sucedido com a companheira, será preciso que ela o escolha também. Isso se torna um grande complicador, porque o processo todo se torna muito mais complexo e bem além de minhas habilidades sociais. E é por isso que prefiro ser escolhido – e não escolher – e tenho vivido razoavelmente feliz com a escolha que ela fez.

Na verdade, muito mais do razoavelmente. Sou mais feliz do que jamais fui. Mas, às vezes, eu penso... *Será que eu poderia ser ainda mais feliz?* Não há maneira de descobrir, a não ser começando tudo de novo, com o risco de acabar sozinho no final da história – o que seria muito pior. Então, eu desisto de continuar nessa linha de pensamento.

A questão de escolher uma irmã expõe dois traços comuns da Síndrome de Asperger: lógica e assertividade. Todo cara que casa com uma menina que faz parte de um conjunto de duas, três ou quatro irmãs se pergunta se a sua é a melhor delas. Porém, a maioria desses caras não vai admitir isso. Alguns ainda são tão hipócritas que até se negam a pensar nisso. Outros poderão se encolher e não dizer nada, esperando que tais pensamentos vão embora. Mas, como tenho falta dessas inibições, eu pergunto em voz alta. E, às vezes, as pessoas parecem se ofender, mas por quê?

Afinal, é aceitável que se questione se temos o melhor carro. Pessoas debatem abertamente sobre qual a melhor marca de serra elétrica. Todos queremos viver no melhor bairro. Assim, se você tiver escolha, por que não se pode desejar a melhor das irmãs? Haverá quem responda "que não se importa com a melhor irmã. Quero a melhor para mim, ponto!"

Isso se torna uma questão completamente diferente. Escolher uma irmã é como dizer, "Eu quero uma serra elétrica, mas agora preciso escolher qual dos modelos disponíveis." Escolhendo "a melhor garota para mim, ponto!" amplia o campo de escolha, de apenas uma marca para todos os modelos de todas as marcas. A decisão torna-se muito mais difícil.

Estamos escolhendo uma família, por assim dizer.

Nesse ponto, um sábio selecionador de garotas iria olhar para as Unidades Zero – ambos os pais, se disponíveis. O comportamento, condição e aparência da fonte do material da garota em questão irá dizer-lhe muito sobre o que você vai ter, daqui a vinte e cinco anos. Eu atribuo muito da atual taxa de divórcio nas alturas à incapacidade das pessoas escolherem sabiamente entre as famílias e, no seio das famílias, entre os irmãos ou irmãs.

Surpreende-me que os outros não abordem questões como esta de uma forma analítica, uma vez que as pessoas geralmente sujeitam carros ou lava-louças a extensa análise e, na verdade, existem avaliações para muitos desses produtos publicadas em revistas. Mas nada do tipo é oferecido com relação a pessoas, e quando eu sugiro que o façam, muitos ficam ofendidos. Acho que a assertividade do Asperger é o problema.

De certa forma, as pessoas interpretam meus pensamentos como se eu não gostasse de minha esposa. Elas dizem: "Você duvida de tudo." Isso não é verdade, eu gosto de minha esposa, mais do que eu posso dizer. E, em menor medida, eu também gosto de meu carro e de minha serra elétrica. Mas o que ocorre é que prefiro estar ligado a cada uma dessas coisas, ou pessoas, como resultado de uma análise inteligente e que isso tenha gerado uma escolha, e não apenas uma aposta na sorte.

Deve ser minha lógica consideração sobre qualquer decisão, que muitos geralmente fazem de modo meramente intuitivo ou emocional, que deixa as outras pessoas perturbadas.

27
Vida de casado

A primeira vez que ouvi sobre uma pessoa "virar" outra coisa foi quando eu estava com dez anos, e minha avó me disse que o tio Bob estava se divorciando. "Sua tia Marsha tomou Pílulas, e ela virou uma doida!" disse ela, num sussurrar, como se estivesse assustada.

Meu bisavô Dandy tinha me contado como animais silvestres e cães poderiam virar animais selvagens, mas eu nunca tinha pensado dessa maneira sobre tia Marsha. Dandy tinha uma velha carabina de cano duplo sob a sua cadeira, para o caso de algum animal raivoso o atacar. *Se ela aparecer por aqui, será que Dandy vai atirar nela?* Fiquei envergonhado de perguntar, porque eu estava certo que todos, exceto eu, sabiam o que fazer quando uma pessoa "virasse". E pelo jeito que vovô balançou sua cabeça, eles todos sabiam também sobre a Pílula. Achei mais seguro nunca mais tomar nenhuma pílula.

Não vi Marsha novamente por um longo tempo. Quando isso aconteceu, ela devia ter se acalmado, porque não me atacou. Ela devia ter virado de volta. Cães fazem isso. De repente, eles te atacam e mordem e, um pouco mais tarde, eles procuram você abanando a cauda e lambendo sua mão, como se nada tivesse acontecido.

Alguns anos mais tarde, Tio Bob decidiu se casar novamente. No dia do casamento, eu perguntei a primeira coisa que me veio à mente, uma coisa típica do Asperger: "Tio, quantas vezes você tem de se casar antes de ficar casado?" Não me lembro o que ele disse, mas me lembro do resultado: não fui convidado para o seu próximo casamento. Esse foi com a minha tia Relda, e finalmente ele sossegou.

Quando o meu pai se casou pela segunda vez, ele não me convidou, também. Talvez estivesse com medo do que eu poderia dizer. Em todo o caso, meu pai ficou mais de vinte anos com sua segunda esposa. Esse casamento durou até que ele teve uma infecção cutânea, na altura em que os danos hepáticos, por causa de anos de bebedeira e medicamentos experimentais, realmente o debilitaram demais, e ele morreu.

Pessoalmente, tive que me casar duas vezes para dar certo. Refleti sobre os motivos pelos quais o segundo casamento deu mais certo que o primeiro e, para o bem dos Aspergers com problemas de relacionamento como eu, vou compartilhar as coisas que ela faz que nos tem mantido juntos:

Primeiro, ela cuida de mim com muito cuidado. Ela aprendeu a ver se estou triste, ou ansioso, ou preocupado. Algumas pessoas dizem que eu nunca sorrio e que não tenho muitas expressões faciais, mas, de algum jeito, ela me faz sorrir e consegue ler as minhas mínimas expressões. E ela geralmente sabe o que dizer ou fazer para que eu me sinta melhor. Ou me sinta mal, o que acontece, às vezes, quando ela "vira."

Ela sempre demonstra interesse em minhas coisas, e parece acreditar em mim sem reservas. Quando eu lhe digo que vou fazer algo, ela sempre acha que vou ter êxito. Tenho certeza de que a sua confiança em mim aumenta a probabilidade de meu sucesso. Quando dá certo, eu venho lhe contar.

"Eu sempre soube que você poderia fazer isso", ela irá dizer. "É por isso que me casei com você."

Realmente não sei como ela poderia "sempre saber" que eu conseguiria fazer uma coisa que nunca fiz antes, a menos que fosse algo tão trivial que qualquer um poderia fazê-lo, mas isso é o que ela diz.

Em segundo lugar, ela observa o que as pessoas dizem e fazem em torno de mim, e explica o que eu deixei de perceber. Ainda hoje, não entendo certas nuances que são componentes típicas da conversa entre pessoas "normais". Humor e sarcasmo são algumas delas. Há momentos em que uma pessoa diz algo, esperando que eu ria, e eu apenas fico quieto. Ou dizem coisas que são desagradáveis, e eu perco completamente seu significado. Ela aponta essas coisas, suavemente, e tento aprender o que eu perdi. Tenho compreendido cada vez mais coisas, ano após ano.

Em terceiro lugar, ela é muito paciente quando faço a mesma pergunta várias vezes em seguida. Por exemplo, quando ligo para ela e pergunto, "Au au! Você gosta do seu esposo?"

"Sim, eu gosto de você", ela me tranqüiliza.

Uma hora mais tarde, devo ter esquecido da última chamada, porque eu ligo novamente e digo, "Au au! Você gosta do seu esposo?"

"Sim, eu ainda gosto de você", diz ela.

Isso pode acontecer quatro ou cinco vezes no decorrer de um dia. Pela quinta vez, ela poderia dizer: "Não, eu não gosto mais de você", mas aí eu já saberia que ela estaria brincando. Ela realmente gosta de mim. Então, me sinto seguro. Não tenho a menor idéia porque pergunto a mesma coisa tantas vezes, mas o fato é que eu faço isso.

Em quarto lugar, ela me trata com mimos. Minha experiência na infância, quando fui acarinhar Chuckie, não funcionou muito bem, e essa má lembrança praticamente me curou de tentar fazer festa a outras pessoas, no futuro. Felizmente, Martha não teve uma experiência como essa. Então, embora as coisas não tenham evoluído para que eu me tornasse um mimador (aquele que mima), eu prosperei como um mimado (aquele que recebe mimos).

Quando Martha se encontrou comigo pela primeira vez, eu estava preocupado e apreensivo. Vivia dando pancadinhas no meu pé, balançando ou exibindo algumas outras aberrações comportamentais. Evidentemente, agora sabemos que isso é um comportamento normal de quem tem a Síndrome de Asperger, mas, naquela época, as outras pessoas achavam aquilo esquisito, e eu também.

Um dia, por algum motivo, ela decidiu tentar acariciar meu braço, e eu imediatamente parei de balançar e de me remexer. O resultado foi tão impressionante que ela nunca mais parou de fazer isso, porque percebemos o efeito calmante dessa atitude.

"Você pode me afagar?" Digo, quando me sento ao lado dela.

Eu também digo, enquanto inclino a cabeça, "Você pode coçar meu pêlo?" Os cães fazem isso, e dá certo. Então, ela vai fazer cafuné na minha cabeça e esfregar o lóbulo das minhas orelhas. E coçar minhas costas.

"Coce suavemente, com as unhas", eu digo. Durante um tempo, fiquei preocupado que esse cafuné todo poderia fazer cair meus cabelos, e que as esfregadas da orelha as deixariam compridas, como as de um beagle. Mas isso não aconteceu. Apenas fiquei mais sereno. Creio que a acalma, também. Psicólogos fizeram estudos sobre pessoas acariciando animais, e provaram que isso tem um efeito calmante, diminuindo a freqüência cardíaca e a pressão arterial. Pergunto-me por que eles não fizeram estudos semelhantes com pessoas. Acho que ainda não perceberam os benefícios.

E a última coisa é: nós dormimos empilhados.

Quando eu era pequeno, gostava de me esconder em pequenos espaços. Eu não faço mais isso, mas ainda me sinto inquieto deitado sobre uma cama. Eu prefiro amontoar almofadas em cima de mim, mas a melhor situação é, de longe, ter minha companheira sobre mim.

Todas as noites, quando vamos para a cama, ela coloca um braço ou uma perna sobre mim, ou se deita grudada até eu adormecer.

Estou sempre sereno e mais relaxado quando em uma pilha, sendo afagado. Hoje, pela primeira vez na vida, eu adormeço rapidamente e raramente tenho pesadelos.

Se eu acordar, ela coloca um braço em mim e eu volto a dormir. Às vezes eu desperto, durante a noite, e vejo que estamos deitados de lado, em direções opostas. Deslizo até as costas se tocarem, e eu coloco minhas pernas dobradas para trás, em direção a ela. Ela vai despertar o suficiente para dobrar suas pernas, e os nossos pés irão se tocar. Então, adormeço de novo, contente e aquecido.

Sinto-me seguro dormindo empilhado. Não sei por que razão, pois eu sou maior e mais forte, mas é verdade. Desde que eu era criança, eu sabia que deitar sob uma pilha de almofadas era muito melhor do que simplesmente deitar em cima da cama. Dormir empilhado é muito melhor do que isso, porém. É o melhor de tudo.

Eu gosto muito da vida de casado.

28
Vencendo no basquete

Eu nunca fui bom em atividades esportivas quando criança, tampouco fui um amante de esportes. Na verdade, o fato de ter sido sempre o último a ser escolhido para o time, e o primeiro a ser dispensado, me afastou um pouco dessas atividades. Só me interessei por isso bem mais tarde na vida.

Em 2003, o meu filho estava prestes a entrar no ensino médio. Desde que Ursinho e eu tínhamos nos divorciado, e que eu havia casado de novo, Cubby vivera metade do tempo conosco em Chicopee, e metade do tempo com sua mãe em South Hadley, onde freqüentava a escola. Como esta não era lá muito boa, começamos a buscar alternativas. Analisamos escolas particulares, mas eram muito caras. Havia sites que classificavam os distritos escolares, e os melhores em nossa área ficavam em Longmeadow, Wilbraham, e... Amherst.

Com alguma agitação, Unidade Dois e eu decidimos procurar em Amherst, onde eu tinha crescido, trinta anos atrás. Era lá que eu tinha ido à escola, por onde eu perambulava, e onde tinha encontrado a mãe de Cubby.

Liguei para Jim Lumley, um corretor local e que ajudara meus pais, anos atrás. Ele levou uma lista de opções ao meu escritório e decidimos ir checar os imóveis que ele selecionara. Enquanto andávamos ao redor de Amherst olhando casas, comecei a sentir que ali era o lugar ao qual eu pertencia.

É verdade que Amherst foi palco de alguns dos piores momentos da minha vida. Outras crianças me perturbavam. O sistema escolar me queria longe. A polícia me queria na prisão. E meus pais haviam se despedaçado completamente. Tudo ali, em Amherst.

Mesmo nos dias mais críticos de meu Asperger, sabia que possuía muitas das qualidades necessárias para ser popular. Eu era inteligente, gentil e engraçado. Até parecia normal, meio nerd, mas normal. Porém, o meu comportamento estranho escondera essas qualidades dos outros, e obrigou-me a me retrair de vergonha. Em todo lugar que eu tinha morado, até então, havia levado comigo o ônus de ser um Asperger.

Então, por que voltar? Porque eu finalmente poderia transformar um fracasso em sucesso. Mudando para Amherst, levando comigo os meus novos conhecimentos sobre Asperger, teria oportunidade de começar a minha vida de novo. Um novo eu, em uma nova casa, em uma nova cidade.

Jack iria iniciar o ensino médio em Amherst, tal como eu tinha feito. Mas ao contrário de mim, ele iria se formar.

A mudança foi um sucesso estrondoso. As pessoas más de minha juventude tinham desaparecido. Os professores que não me queriam por lá, há muito estavam aposentados. A maior parte da força policial atual não tinha sequer nascido quando fui embora, em 1970.

O mais importante de tudo, as pessoas que eu não tinha visto durante esses trinta anos me acolheram de braços abertos. *Por que eles estão fazendo isso?* pensei. Então, eu compreendi. Eles saudaram-me porque não fiz nada para afastá-los. Eu consegui aprender a ser amigável. Foi notavelmente simples, mas havia demorado todo esse tempo para descobrir.

O meu amigo Paul Zahradnik abandonara a escola no mesmo ano que eu, e agora morava a apenas a algumas quadras de distância. Trinta anos depois, ele era um talentoso escultor e corretor imobiliário. Gordy, o moleque cabeludo que trabalhava no ferro-velho, vivia em uma bela casa do outro lado da rua. Ele ainda trabalhava no ferro-velho, que tinha crescido para vinte acres, só que agora ele era o dono. Que longo caminho havíamos percorrido...

Como eu, o meu irmão havia saído de casa logo que pôde. Ele foi para longe, trabalhar em agências de publicidade em Boston, Nova

York, Chicago e San Francisco. Eu quase nunca o vi, durante esses anos. Quando ele escreveu seu primeiro livro, *Sellevision*, decidiu entrar em contato novamente com sua família. Ajudei-o a encontrar uma pequena casa em Northampton, e ele começou a nos visitar nos finais de semana. Ele parou de beber e de usar drogas, e conheceu Dennis. Sua vida começou a mudar.

Logo que soube que eu estava indo para Amherst, o meu irmão disse: "Veja se existe um terreno por lá e Dennis e eu iremos construir uma casa próxima à sua!" Foi o que fizemos. Nós construímos nossas casas, lado a lado, num beco sem saída. A dele é meio gay, cheia de rococós, e a minha é bem Asperger e funcional. Tenho certeza de que a minha é mais bem projetada, mas ele não se importa, porque acha a sua mais bonita. Mesmo quando o encanamento quebrou e o deixou com água até o tornozelo, pouco antes do Natal daquele ano.

Ele levou seus buldogues com nomes estranhos para minha casa, Cubby montou uma bomba caseira no pátio e colocamos seus móveis para secar em minha garagem.

Quem teria adivinhado? Depois de todos esses anos, o sucesso do livro de meu irmão, *Correndo com Tesouras*, me fez sentir bem sobre a minha condição e orgulho de quem eu era. E o livro nos uniu novamente, na cidade onde tínhamos vivido há tanto tempo.

Ser um personagem nesse livro me ensinou algo sobre mim mesmo. Durante boa parte de minha vida, achei que era humilhante ter saído da escola secundária antes da formatura, não importa o quão bem sucedido me tornei, mais tarde. Eu mentia sobre a minha idade, a minha educação e minha formação porque a verdade era horrível demais para ser revelada. O livro, e a notável reação do público em nos aceitar como éramos, mudou tudo isso. Eu estava finalmente livre.

Quando voltei para Amherst, em todos os lugares eu reconhecia alguém e também era reconhecido. Mas já não existiam as más associações.

"Você tem que assistir a um jogo de basquete na universidade", disseram Paul e Gordy, um dia. Eu nunca tinha ido a um jogo de basquete antes, mas aceitei com certa relutância.

"Antes do jogo, haverá uma recepção. Venha com a gente", disse Paul.

Havia provavelmente uma centena de pessoas na sala, quando cheguei. Trinta anos antes, essa multidão teria me apavorado, e eu não saberia o que fazer. Eu teria me escondido num canto, como um animal encurralado esperando para fugir.

Mas agora, com o meu conhecimento de Asperger e minha nova autoconfiança, nada de mal aconteceu. Eu não estava assustado e não me escondi. E algo notável aconteceu: as pessoas gostaram de mim. As pessoas vieram até mim, me cumprimentaram e me fizeram sentir bem-vindo. Um pouco de conhecimento sobre o que dizer e como agir fez toda a diferença do mundo.

Foi incrível! Eu me vi fazendo amigos em todos os lugares. Por exemplo, o meu amigo Dave disse, "Vamos sentar juntos!" Uma sugestão perfeitamente normal, mas era algo que eu nunca tinha feito antes. Eu ouvia o árbitro apitar e Dave se aproximava, para explicar o que tinha acontecido. Mesmo não entendendo nada daquilo, achei bem divertido.

Não só fiz amigos em todo lugar, mas nada ruim parecia acontecer. Ninguém me chamou de Cara de Macaco. Ninguém me ameaçou. Ninguém me mandou embora. Na última vez em que tinha estado aqui, ninguém me queria na equipe. Agora, parecia que todos me queriam.

Mesmo aquela sensação de que eu era uma fraude começou a desaparecer. Numa festa na casa do treinador, um dos caras do departamento esportivo veio sentar-se comigo.

"Sabe, eu saí da escola, também", disse ele.

Fiquei sem saber o que dizer, imaginando como ele descobrira que eu tinha feito a mesma coisa. Talvez ele tivesse perguntado sobre mim, por aí.

"Você é tão parte desta escola como qualquer outro aluno", prosseguiu. "Você será sempre bem-vindo aqui."

Eu quase chorei.

Comecei a freqüentar todos os jogos. Embora eu nunca tivesse sido um "verdadeiro" estudante, tinha adquirido boa parte da minha educação nesses edifícios. E é bom estar de volta, entre amigos, em um lugar que me fazia sentir em casa.

Eu não precisava saber de tudo. Outras pessoas poderiam me contar as respostas. Não precisava ficar atento a tudo. Meus amigos podiam fazer isso por mim. De repente, eu tive uma revelação: *A vida é assim, para as pessoas normais.*

Hoje, faço parte da Associação Atlética, e comecei a colaborar com a escola. A minha escola. O time pegou velocidade. Comigo a bordo, a equipe contratou um novo treinador e foi para as finais, pela primeira vez em anos. Meu passado finalmente ficou para trás. Seja o que for que aconteça com nosso time de basquete, eu sei que venci.

29

Minha vida como um trem

Eu sempre gostei de trens.

Um dia, quando Cubby estava com seis anos, fomos até o pátio da ferrovia. Meu pai tinha me levado para ver os trens quando eu era pequeno, e trinta anos mais tarde, eu estava aqui, fazendo a mesma coisa com o meu filho. Lembro-me do meu pai me permitir conduzir um trem quando eu tinha cinco anos, no museu na Filadélfia. Eu iria fazer o mesmo em breve, com Cubby.

Acho que o fascínio por trens é uma coisa de família. Quando meu pai era pequeno, meu avô o levava para assistir os trens a vapor passando por sua drogaria, lá em Chickamauga, Georgia. E nós, mais de cinqüenta anos depois, fazíamos a mesma coisa em Massachusetts.

Dirigi por quarenta e cinco minutos para ver os trens, e estávamos prontos para a ação. Estacionamos o carro perto de uma construção de pedras, tudo muito sujo pelos anos de fuligem dos motores a diesel nas locomotivas, que na época corriam vinte e quatro horas por dia, 365 dias por ano.

Este pátio estava ali desde os dias dos trens a vapor, há cinqüenta anos, por isso mesmo, antes da fuligem do diesel, havia uma espessa camada de pó de carvão. Cubby gosta de ficar limpo, por isso foi bom que ele não tivesse conhecimento desse fato. Quando ele ficou maior, desenvolveu o mesmo hábito compulsivo de lavar as mãos, como o avô e seu tio, mas já na época, ele odiava ter graxa nas roupas ou em si próprio. Tentei mantê-lo fora da sujeira mais densa.

"Olha, pai – modelos F !" Cubby gritou, ao apontar para duas longas locomotivas prateadas FP 40, do outro lado do pátio. Uma delas se conectou a um trem de passageiros da Amtrak, que se destacava entre os vagões no pátio. Era incomum ver trens da Amtrak em um pátio de carga.

Fomos verificar e passamos por alguns frascos de crack deixados nos trilhos pelos visitantes da noite passada. "Olhe Cubby, use drogas, perca a cabeça e seja atropelado por um trem", eu disse.

"Mas por que não existem pedaços de pessoas nos trilhos?", perguntou. "Talvez eles tenham sido arrastados mais adiante." Cubby logo perdeu o interesse em viciados quando nos aproximamos das locomotivas FP 40, que silvavam ocasionalmente com o excesso de ar expelido pelas válvulas de segurança.

Porque fomos até lá? Porque os Aspergers são impulsionados a aprender tudo o que for possível sobre os assuntos que lhes interessam, e um dos meus temas favoritos sempre foi máquinas de transporte. Quando eu estava aprendendo a ler, meus tópicos favoritos na enciclopédia eram trens, navios e aviões. E, durante um tempo, meus livros preferidos eram sobre trens e automóveis.

Cubby cresceu, e as máquinas também. A ferrovia estava fazendo uma transição, das velhas locomotivas General Motors para as mais novas, da GE. As novas locomotivas eram impressionantes de se ver, especialmente puxando cargas pesadas. Depois de assistir aos trens no pátio, decidimos ir vê-los lá fora, e eu conhecia o lugar ideal para fazer isso.

Um dia de primavera, fomos até Middlefield, onde a ferrovia atravessa um desfiladeiro a caminho de Albany, Nova York. Saímos da rodovia e entramos numa estrada vizinha, que atravessa a montanha, e depois pegamos uma estrada arborizada que corre ao lado dos trilhos.

O dia estava fresco e o céu era de um azul brilhante, como você nunca vê na cidade. A água corria de uma pequena cascata que descia pela rocha que havia sido cortada, para a ferrovia passar ao lado da montanha. Os trilhos circundavam a montanha, com uma queda de, pelo menos, quarenta metros até o rio, do outro lado. Havia dois trilhos lado a lado, com uma estrada de serviço perto deles. Fomos até essa estrada e esperamos pelos trens.

"Olha, Pai!" Cubby jogava pedras na água lá embaixo. Ele olhou ao redor, em busca de vida selvagem. "Será que vamos ver alguns ursos?" Cubby pareceu esperançoso. "Você pode conseguir uma arma e eu atiro nele. Mamãe tira a pele e a gente come ele. Vamos procurar um urso, pai." Cubby saltava para cima e para baixo, com o pensamento de apanhar um urso para o jantar. Mas não vimos nenhum.

Logo, ouvimos o som de um trem se aproximando. Durante os próximos minutos, o ruído ficou mais alto, até o solo começar a tremer. Cubby e eu fomos mais perto da borda, afastados dos trilhos, e vimos os faróis fazendo a curva. Mesmo a algumas centenas de metros, podíamos sentir como os motores lutavam para puxar o trem acima, na colina.

A locomotiva passou por nós e Cubby acenou para o maquinista, que acionou a buzina. Cinco motores passaram e, depois, 133 vagões. Cubby contou todos eles. E, de repente, tudo ficou calmo novamente. Depois de um momento, nos viramos e descemos a colina.

"Como alguém pode ser atropelado por um trem aqui fora?" Cubby perguntou. "Podíamos ouvir ele chegando. Só se você for surdo."

E, então, sem qualquer aviso, um trem apareceu atrás de nós. Descendo rápido pela montanha. Indo no sentido contrário, pelo outro conjunto de trilhos. Silenciosamente. Chegou perto de nós tão rapidamente que o maquinista nem sequer teve tempo de tocar a buzina. Quando as locomotivas passaram, mostrei o ar em ondas brilhantes ao longo dos motores.

"Estes são os freios dinâmicos", eu expliquei. "Eles usam os motores elétricos nas rodas como geradores, e os geradores estão alimentando enormes placas de alimentação de calor em cima do motor. Então, eles estão usando os motores como freios, convertendo a energia do trem em calor. As locomotivas não fazem qualquer ruído, porque os seus motores estão inativos."

Cubby não perguntou mais como as pessoas podiam ser atropeladas por trens.

No caminho de volta ao nosso Land Rover, pegamos dois velhos espigões de ferrovia para adicionar à nossa grande coleção de lembranças ferroviárias. Eu tinha começado essa coleção com Ursinho, quinze anos antes, e agora Cubby prosseguia a tradição.

Será que nem todos os pais levam os filhos para ver trens? Acho que não, a julgar pelo olhar que recebo de outros pais. Mães diziam coisas do tipo "Como pode levar uma criança a um pátio de trens? Ele poderia ter morrido!" Bem, nós não morremos. Cubby e eu somos bem conscientes do enorme peso dessas máquinas.

Todos esses passeios com Cubby deviam ter alguma coisa a ver com meu livro infantil favorito, "A Pequena Locomotiva." O livro tinha uma capa amarela, com uma brilhante locomotiva azul em toda a página, e quando eu tinha dois anos, queria ouvir sua história vezes sem conta.

"Chu chu!", eu dizia, quando queria ouvir de novo.

Minha mãe lia o livro para mim, e eu ficava bufando e soprando enquanto me imaginava uma pequena locomotiva a vapor.Quando mais eu soprava, mais me convencia disso. (alguns anos mais tarde, eu me convenci de que era um par de limpadores de pára-brisa)

No livro, o trem devia ultrapassar uma subida íngreme. Mas na minha mente de dois anos de idade, era uma montanha gigante – maior do que qualquer coisa que eu já tivesse visto. Os motores entoavam para si mesmos, ao subir o morro:

"Eu – sei – que – posso! Eu – sei – que – posso! Eu – sei – que – posso!"

E eu cantava junto com eles. E pulava, também, com o esforço de puxar o trem. Hoje, eu sei que balançar a cabeça, mover-se para frente e para trás – o que ainda faço – são característica das pessoas com Autismo ou Asperger.

Finalmente, chegamos ao topo, o trem e eu. Quando demos a volta na colina e descemos pelo outro lado, sorrimos e pulamos, dizendo:

"Eu – sabia – que – podia! Eu – sabia – que – podia! Eu – sabia – que – podia!"

De alguma forma, eu sempre recordei desse refrão, enquanto crescia. Era muito tranqüilizador. Mas enquanto eu continuava dizendo a mim mesmo que era capaz, também ouvia vozes me contradizendo, bastante altas e claras. Elas eram difíceis de ignorar.

Você não é bom.
Você falhou na escola, e vai falhar nisto.
Você é um fracassado.
Isso nunca vai funcionar.
Você não pode fazer isso.
Você devia estar na cadeia!

Estou certo de que muitas crianças ouvem vozes como estas enquanto lutam para crescer e ter sua própria vida. E alguns jovens dão ouvidos a elas e desistem. Sei, porque vejo essas crianças todos os dias. Você pode vê-las, também, dormindo em caixas de papelão, em qualquer cidade. Tentei dormir assim, quando eu tinha dezessete anos. Eu não gostei e me determinei a nunca mais fazer isso novamente.

Todas as coisas ruins que aconteceram na minha vida apenas aumentaram a minha vontade de superar os obstáculos, que eram lançados em meu caminho. E eu fiz isso com razoável sucesso, até agora.

Mas essas vozes ainda estavam lá. E elas começaram a vir de outras pessoas, também. A mensagem era a mesma:

"Você está tão ansioso e preocupado! Você devia tentar tomar antidepressivo!"

"John, você precisa relaxar. Sente-se e tome uma bebida!"

"Você sabe, fumar maconha acalma. Você deve experimentar. Você não pode ficar tão ligado o tempo todo."

Eu não sei porquê, mas nunca dei bola para as vozes. Muitas vezes, desistir teria sido mais fácil do que prosseguir, mas eu nunca fiz isso. E eu nunca recorri aos antidepressivos, ou bebidas, ou maconha ou qualquer outra coisa. Apenas trabalhei duro. Eu sempre achei que seria melhor resolver um problema, em vez de tomar medicamentos para esquecer dele.

Imagino que haja lugar para antidepressivos, drogas, bebidas alcoólicas e outras coisas. Mas, até agora, esse lugar está nos outros, não em mim.

Quando eu ouvia a voz em criança, dizia a mim mesmo, *Eu – sei – que – posso! Eu – sei – que – posso! Eu – sei – que – posso!* Como um adulto, o meu vocabulário e o meu mundo se ampliaram. Agora o *Eu –sei- que – posso* é reforçado por *Já – fiz – isso – antes.* Porém, as vozes negativas são mais suaves e mais sofisticadas, também. Agora, quando ouço essas vozes, eu digo a mim mesmo:

> *Todas as outras guitarras deram certo; esta também vai funcionar.*
> *Me saí bem nos outros empregos; neste, vai acontecer a mesma coisa.*
> *Tenho certeza de que posso subir esta montanha.*
> *Eu acho que posso cruzar este rio.*

E até agora, com algumas exceções notáveis, tenho conseguido.

Epílogo

Quando o KISS estava em turnê, tínhamos sempre que repetir uma canção, fazer um bis. Este é o bis de *Olhe nos Meus Olhos* – a história de como fiz as pazes com os meus pais, enquanto escrevia este livro.

Meu pai tinha uma saúde precária, com psoríase, artrite, diabetes e um coração fraco. Mas no final do verão de 2004, uma aranha veio agravar o quadro. A aranha marrom. Elas vivem em pilhas de madeira, galpões e sótãos – às vezes, até em sapatos – e raramente picam alguém, a não ser quando se sentem ameaçadas. Parece que o meu pai estava cortando madeira quando ele foi picado. Em todo o caso, alguns dias depois, o seu dedo inchou e começou a doer terrivelmente e minha madrasta, Judy, levou-o ao hospital.

Eu nunca tinha ouvido falar dessas aranhas até então, por isso fui pesquisar. Elas são apenas do tamanho de uma moeda, e a maioria das pessoas nem percebe quando são picadas. Ainda assim, a picada da aranha marrom pode ser pior do que a mordida de uma cascavel. A pele em torno da picada de meu pai ficou escura e apareceu um buraco, por onde se podia ver o osso.

As aranhas marrons são raras na Nova Inglaterra. Das quatrocentas picadas de aranhas marrons registradas em um banco de dados, apenas nove estavam em Massachusettes. A maioria estava no Sul. Foi falta de sorte meu pai ser um desses nove casos, em seu estado de saúde fragilizado.

Seu dedo estava horrível, e você podia sentir o doce odor da gangrena. Achei que eles deveriam cortar o dedo imediatamente para salvá-lo, mas o médico insistiu em mantê-lo. Meu pai pareceu suportar aquilo com os antibióticos, mas continuou com muita dor.

Meu pai e Judy viviam numa casa que eles tinham comprado e onde viveram por vinte anos. A sala principal tinha um fogão a lenha no canto. O fogão queimava madeira que ele e Judy coletavam na propriedade. Ursos e guaxinins subiam na varanda e a neve se depositava na altura de minha cabeça, quando o inverno era mais forte.

Eles tinham se mudado para lá após se casarem, cada um em seu segundo casamento. Meu pai nunca tinha sido especialmente sociável – talvez ele fosse um pouco Asperger – assim, uma casa na floresta era ideal para ele. Passava seus dias ao ar livre, zanzando em torno da propriedade. Ele tinha crescido em uma fazenda na Georgia e sempre quis um trator. Nesse verão, ele tinha comprado um mas, agora, estava muito doente para conduzi-lo, e ficava olhando para ele através da janela enquanto esperava se fortalecer.

Eu vivia a uma hora de distância, mas o meu pai raramente me telefonava. Os únicos dias em que podia contar com seu chamado eram meu aniversário e o Natal. E depois que meu filho nasceu, eu falava com meu pai no aniversário do Cubby, também. Qualquer outra vez que quisesse falar com ele, eu tinha de fazer a chamada. No entanto, ele sempre achava gratificante ver-nos quando íamos até lá. Eu nunca entendi porque ele não nos telefonava....

Em novembro, ele voltou para casa, mas ainda frágil e com esperança de ficar melhor. Embora ele devesse ficar acamado, a minha madrasta o trouxe para o jantar do Dia de Ação de Graças. Estávamos todos juntos – eu, minha esposa, Cubby, meu pai e Judy, e meu irmão e seu parceiro, Dennis. Ainda estavam lá a irmã de Martha, Unidade Três, e seu esposo, Três-B. Todo mundo parece feliz nas fotos que eu tirei nesse dia.

Às nove horas do dia 31 de dezembro, recebi outra chamada. "Seu pai estava andando e caiu a escada da garagem. A ambulância está chegando agora", disse Judy. Desta vez, ela pareceu assustada.

Foi uma queda bastante grave. Ele havia machucado as costas e quebrado o quadril. Foi sorte não ficar paralisado. Ele sobreviveu a uma operação para reparar a ruptura e foi imobilizado e, mais uma vez, estava sentindo muita dor. Depois de algumas semanas no hospital, ele foi para uma clínica de repouso. Disseram-lhe que deveria ser capaz de subir dois lances de escada e caminhar cinqüenta metros para poderem lhe dar alta. Ele estava determinado a fazer isso, mas era bem difícil. Fomos vê-lo no final de janeiro e ele parecia ter uma bola de basquete no estômago. Judy disse que estava retendo fluidos por causa de problemas no fígado. Martha sentiu-se enjoada, porque sua mãe tinha morrido de câncer no ano anterior e a barriga dela estava com a mesma aparência.

Meu pai voltou para casa em 25 de fevereiro. Ele era capaz de subir as escadas e andar ao redor, com a ajuda do seu andador. Tudo indicava que iria ser uma longa estrada, mas parecia que iria se recuperar.

Uma semana mais tarde, fomos vê-lo. Ele mal podia sentar-se. Seu estômago estava inchado como se fosse uma bola de praia, e seu escroto parecia uma enorme laranja. Enquanto eu estava lá, ele teve que ir ao banheiro e Judy e eu o ajudamos a se levantar e caminhar até lá. Então, meu pai me disse, "John, não me deixe cair. Estou com medo de cair de novo." Naquele momento, ele voltava a ser uma pequena criança apavorada. A minha confiança na sua recuperação foi abalada até o âmago.

Poucos dias se passaram e o inchaço no seu estômago piorou. Seu fígado tinha sido danificado por anos de bebedeira e, depois, por todos os remédios que ele havia tomado para a psoríase e artrite.

Na segunda-feira à noite, Judy chamou e disse que meu pai estava sendo levado para o hospital novamente. De alguma forma, eu sabia que esta ia ser diferente de todas as outras viagens para o hospital. Eu percebi que ele estava morrendo. No caminho para lá, eu estava indignado porque não conseguia me lembrar de um único bom momento que tivéssemos partilhado, quando eu era criança.

Quando chegamos, ele estava muito fraco, mas lúcido, e parecia satisfeito por nos ver. Eu sentei lá por algum tempo, pensando que se lhe perguntasse sobre boas memórias, isso não seria uma admissão de sua morte iminente. Finalmente, eu fiz isso.

"Você se lembra de algum momento no qual nos divertimos juntos, quando eu era pequeno?"

Fiquei esperando pela resposta... Será que nunca havia ocorrido um momento desses?

Mas ele começou a falar. "Quando você tinha cinco anos", disse ele, "eu o levei para o museu, na Filadélfia. Eles tinham uma grande réplica de trem, e você adorava vê-la." E ele virou-se para o meu filho: "Um dia, o seu pai perguntou ao homem da cabine se ele poderia conduzir o trem. E o homem disse que sim. Então, seu pai subiu na cabine com ele e guiou aqueles trens com um grande sorriso no rosto."

Enquanto ele contava suas histórias, coisas que eu tinha esquecido, de quase cinqüenta anos atrás, de repente entraram em foco, claras como o dia. Lembrei-me da primavera em que aprendi a andar de bicicleta de duas rodas, sem usar as rodinhas auxiliares. Nunca errei ou nunca caí. Fiquei realmente orgulhoso de mim mesmo, daquela vez.

"Você se lembra de Valley Forge?", perguntou. Lembrei-me de correr por todo o campo do Parque Nacional de Valley Forge, atrás da pipa que ele me fez. Lembrei-me de nós dois correndo ao sol, a minha mãe assistindo na sombra, até que caí e enrosquei a corda em volta de meu tornozelo. Desde esse dia, tenho uma cicatriz lá.

Então, tinham existido momentos divertidos, afinal. Ele pôde ver que eu estava triste. Meu pai sorriu e afagou-me a cabeça, e disse para não me preocupar com ele. Ele disse que ficaria bom mas, lá no fundo, eu sabia que não era verdade. Desejei ser criança, novamente.

Desde esse dia até o fim, visitei-o quase diariamente. Ele ficou mais fraco e mais fraco, até que me disse, "John, estou morrendo."

"Eu sei. É triste." eu disse. "Para onde acha que você irá?"

"É um mistério", respondeu. "Ninguém sabe".

"Está com medo?"

"Não, realmente não."

Judy fez planos para tirá-lo na terça-feira seguinte, para que ele pudesse morrer em casa.

Meu pai perguntou: "Você vai ficar bem?" Respondi que sim e ele continuou, "Você vai cuidar de Judy? Ela tem sido muito boa para mim." Eu disse que sim e perguntei se ele gostaria de ver seu trator uma última vez. Ele respondeu que seria muito bom.

Depois, voltei para casa e chorei, prometendo voltar naquela noite. Na segunda-feira, fui trabalhar e, algumas horas mais tarde, Judy me ligou. "Eles estão trazendo o seu pai para casa hoje. Ele está ficando mais fraco. Não podemos esperar até terça-feira."

Era tempo de buscar o trator. Recolhi minhas ferramentas, minhas pás, e meus cabos de guincho. Passei pela escola e peguei Cubby, para me ajudar.

A neve estava pela cintura no campo, e levamos muito tempo para desenterrar o trator e conseguir movê-lo até perto da casa, onde meu pai pudesse vê-lo. Finalmente conseguimos e estacionamos o trator bem ao lado da escada, e nos sentamos para esperar.

A ambulância chegou e os dois assistentes tiraram meu pai de dentro. Sorriu quando me viu, e olhou o trator. Ele não podia falar muito. Cubby me ajudou a levar o meu pai para dentro da casa e, em seguida, para a cama. Fiquei um tempo por ali e segurei sua mão.

Meu irmão subiu ao quarto, com alguns álbuns de fotos antigas e mostrou-os para o meu pai. Mas o meu pai não podia se concentrar e disse que iria olhar mais tarde.

Eu dei-lhe um abraço, e disse que o amava. Muito debilmente, ele respondeu, "Eu amo você, também." E essa foi a última vez que eu o vi. Ele morreu tranqüilamente às 2:30 na tarde do dia seguinte, enquanto eu estava no trabalho. Era uma ensolarada tarde de inverno. Estava terminado.

Em lugar de meu pai, tenho agora as minhas recordações. Durante tantos anos, eu não conseguia lembrar qualquer coisa sobre ele, exceto as coisas ruins e más. Agora, histórias e memórias que estavam perdidas para mim, durante trinta anos, voltaram à vida. Espero que elas permaneçam.

Outras memórias começaram a agitar-se, também. Hoje, aos cinqüenta anos, posso sentir meus pés nus sobre os seixos brancos que precobriam a entrada de carros da casa de meus avós, e posso ouvir os grilos. Consigo sentir o cheiro do barro da Georgia e do cachimbo de meu bisavô. Ouço o *twang* da porta de tela enquanto a abro, e sinto o chão gelado ao pisar os azulejos pretos e brancos.

São estas memórias – um último presente de meu pai – que tornaram este livro possível.

Embora algumas lembranças fossem tão vivas e reais como hoje, outras estavam borradas. Assim, em uma tentativa de obter mais respostas, falei com minha mãe. Eu tinha estado afastado dela durante algum tempo, mas voltamos a conversar enquanto eu escrevia este livro.

De início, minha mãe recusou-se em aceitar que a as minhas recordações pudessem ser diferentes das dela e, ainda assim, serem válidas. Ela dizia: "Você não estava na parte traseira do VW na viagem!" E eu retrucava, "Eu estava, sim. Lembro-me do céu!" Também não gostou de algumas coisas que escrevi sobre ela.

Depois que conversamos, eu constatei que tinha cometido um ou dois erros no meu retrato sobre ela, e os corrigi. Em outros casos, ela e eu temos diferentes recordações, ou interpretamos as coisas de maneira diferente, e ela passou a aceitar a minha versão. Penso que o processo de redação desta autobiografia deu-me uma melhor compreensão sobre quem ela realmente é e como a doença mental a afetou, e eu sei que ela adquiriu uma compreensão melhor de mim.

Na maior parte de sua vida, minha mãe sonhou em ser uma escritora reconhecida. Ela publicou algumas obras de poesia, mas a maior parte de seu livro de memórias sempre escapou dela. Minha mãe possuía o talento e as histórias, mas a sua vida entrou no meio do caminho. A doença mental, que lhe deu experiências sobre as quais poderia escrever, também a impediu de capturá-las no papel. Seu acidente vascular cerebral e paralisia parcial tornaram mais difícil o processo de escrever, e também mais difícil o processo de pensar. Mas ela não desistiu, e eu estou confiante de que a sua história aparecerá em livrarias um dia, juntamente com seus postais e poesias.

Não há dúvida de que as habilidades narrativas que as pessoas vêem no meu irmão e em mim foram herdadas de nossa mãe. Sejam quais forem as falhas de nosso nossos pais, eles eram extremamente inteligentes, articulados e criativos.

É uma pena que o meu pai tenha falecido antes de meu livro ser escrito. Gostaria de imaginar que ficaria orgulhoso, se pudesse lê-lo agora. Penso que sim, assim como o seu irmão, o meu tio Bob. Tenho medo de que meu retrato dele tenha ficado menos indulgente do que poderia ter sido, porque ele não estava aqui para oferecer explicações que pudessem ter moderado algumas de minhas mais ásperas descrições.

Com o conhecimento adquirido ao escrever o livro, eu hoje acredito que meus pais fizeram o melhor que podiam, sob aquelas circunstâncias difíceis. Ambos foram muito prejudicados quando crianças, e meu irmão e eu crescemos também prejudicados, como resultado. Mas esses danos não são permanentes, nem são transmitidos de geração em geração. Estou bem hoje, assim como meu irmão. Cubby nunca apanhou de mim, e nem conheceu as coisas difíceis que meu irmão e eu experimentamos. Felizmente, ele irá evitar os cantos escuros da vida.

Eu já ouvi Cubby contar um pouco sobre dragões a James. Ele faz seus próprios fogos de artifício, e entende de matemática e programação de computadores muito mais que eu. Portanto, mesmo que ele negue, Cubby é bem parecido com o pai.

Vai levar mais alguns anos (espero!), mas estou ansioso pelo dia em que eu possa assistir Cubby levar o seu próprio filho para o pátio de trens e ficar vendo as locomotivas.

Agradecimentos

GOSTARIA DE AGRADECER a todas as pessoas que tornaram possível este livro. Primeiro, todas as pessoas que aparecem nas minhas histórias: minha família, meus amigos, e mesmo pessoas como Rug, que comprou as revistas pornô para o meu professor do ensino médio. Sem eles, não haveria livro. Jim Boughton merece especial atenção, por ser tão singular.

Vou ser sempre grato ao meu amigo TR Rosenberg, por contar-me sobre a minha Síndrome de Asperger. TR vive perto de mim, em Amherst, Massachusetts. Ele possui um próspero consultório e trabalha com adolescentes problemáticos, e você pode visitar seu website em www.strongbridgeassociates.com.

Eu também quero agradecer particularmente a meu irmão e a Cubby, por me incentivarem a escrever este livro, e a minha esposa, Martha, por apoiar-me. O pessoal do Robison Service merece reconhecimento, por tocarem a empresa enquanto eu concentrava minha energia neste trabalho. Aprecio também o apoio dos meus outros membros da família: Judy, Ursinho (Mary), Big Bob, Little Bob, Leigh e Relda Robison, Unidade Um (Ellen) e Unidade Três (Annie), Três-B (Magnus), e Dennis. Eu também não devo esquecer Tio Bubba (Wyman) Richter, sua esposa, Ann, e seus filhos, Leigh e Meredith. Agradeço as pessoas que ofereceram encorajamento e conselhos: meus velhos amigos Neil Fennessey e Leeann Todo; meus primeiros ouvintes e, em seguida, leitores: Lois Hayes e sua filha Bekah, Alison Ozer, Claudia Hepner e Jan Anderson; meus amigos que me encorajaram: Bob Jeffway e sua esposa, Celeste, que passaram horas revivendo velhos tempos comigo; Jim Lumley, Gordon Palley, Paul Zahradnik, David Rifken, Chris Cava, Charles Burke, Matt Dufresne, e Gene Cassidy; meu amigo Rick Colson, que tirou as fotos do autor; meu agente literário, Christopher Schelling; e Steve Ross, Rachel Klayman, e a equipe da Crown, que trabalharam tão duro para tornar o livro uma realidade.

Fontes

Eu encorajo os leitores que desejam saber mais sobre algumas das empresas, bandas, e os indivíduos neste livro que leiam sobre eles on-line. Fat, a minha primeira banda, tem uma pequena presença on-line em www.mainstrecords.com/fat. Se quiser saber mais sobre a primeira grande empresa para quem trabalhei, confira a história do Pink Floyd e sua empresa, chamada Britannia Row, ou Britro, em www.pinkfloyd-co.com. O equipamento em que trabalhei foi feito para a empresa de som do Pink Floyd, e outras empresas, mas foi usado em muitas turnês, incluindo Roxy Music, Sha Na Na, Blondie, Talking Heads, April Wine, Black Sabbath, Phoebe Snow, Dan Hill, Meat Loaf, Iron Maiden, Toby Beau, Nantucket, Cheap Trick, e outros.

Existe um manancial de informações on-line sobre KISS e como era uma turnê. Em particular, eu proponho ler sobre o Alive II, Return of KISS, Dynasty, e Unmasked. Alguns dos sites que eu gosto são www.kissfanshop.de, www.kissasylum.com, www.kissfaq.com/tours/tours.html, e en.wikipedia.org/wiki/Kiss_timeline. Existem outros artigos na Wikipedia, e cada um dos membros da banda está no www.imdb.com. Há também muitos livros sobre KISS, incluindo obras de membros da banda, da equipe e de fãs. Se você olhar de perto, pode encontrar-me nas fotografias daquela época que aparecem nos livros. Um que gosto muito é "KISS and Sell", de Chris Lendt, nosso gerente de negócios nesses anos.

KISS foi algo muito legal para muitas pessoas, e algumas delas se reúnem anualmente para uma convenção KISS – geralmente em Nova

York ou Nova Jersey – onde trocam histórias e vendem memorabilia. Para 2007, a convenção está on-line no site www.starzcentral.com/kissexpo. Depois de sair do KISS, o guitarrista Ace Frehley continuou a usar os meus instrumentos em sua própria banda, Frehley's Comet. Minha guitarra de luzes e a fumegante foram peças-chave de seus shows ao longo de muitos anos.

Milton Bradley foi um pioneiro em jogos eletrônicos no final dos anos 70. Os produtos em que trabalhei foram *Microvision*, Super Simon, Big Trak, Milton, Omni, e os nascentes jogos para computador. Também trabalhei em efeitos sonoros para vários jogos que nunca saíram. De fato, isso foi uma das minhas maiores frustrações: trabalhar duro em alguma coisa, só para a diretoria cancelá-la no último minuto. Como um interessante aparte, o computador utilizado para desenvolver os chips da fala foi um VAX, da Digital Equipment Corporation. Trabalhei no design personalizado de circuitos integrados em conjunto com General Instruments e Texas Instruments, que forneciam os chips para a MB.

Bob Jeffway, o engenheiro que aparece em algumas das minhas histórias, está online em www.jeffway.com. Ele se tornou, com grande sucesso, um inventor de brinquedos e jogos para diversas empresas. Como funcionário da Milton Bradley, ele trabalhou em muitos dos mesmos jogos que eu, e também desempenhou um papel importante em Dark Tower, Simon, e Star Trek Phaser Guns. Mais tarde, como inventor independente, ajudou a criar jogos para várias empresas. Todos os jogos em que trabalhei podem ser pesquisados online, e eles continuam a aparecer à venda no eBay. Mas eles não estão mais tão baratos! Colecionadores estão pagando muitas vezes mais que o preço original para ter edições destes jogos antigos, e parece que os preços vão continuar a subir.

Meu negócio, JE Robison Service, fica em Springfield, Massachusetts, há quase vinte anos. Somos especialistas em BMW, Bentley, Jaguar, Land Rover, Mercedes-Benz e Rolls-Royce. A empresa começou numa garagem, mas já expandimos para um complexo de prédios, onde fazemos consertos, revisão, personalização e restauração. A empresa cresceu de dois para doze empregados nesse tempo, e estamos on-line em www.robisonservice.com.

Nossos projetos freqüentemente aparecem nas revistas especializadas. Às vezes – como na edição de fevereiro de 2007 da Land Rover mensal – aparecemos na capa. Minhas fotos e artigos aparecem em Land Rover Lifestyle, Rover News, e outras revistas.

Sou muito feliz por ter conseguido atingir minhas metas, não apenas uma, mas três vezes. Eu acho que isso significa três coisas: escolhi metas atingíveis, perseverei e tive sorte. Se eu tivesse decidido me tornar presidente da GE, ser eleito para o Senado e, depois, tornar-me um astronauta, isso poderia não ter acontecido. Talvez haja uma lição de vida aí.

Existem muitos recursos disponíveis agora sobre Asperger e Autismo, e outros mais aparecem todos os dias. Como ponto de partida, é recomendável verificar o OASIS, no site www.udel.edu/bkirby/asperger/. O fundador do OASIS, Barb Kirby, é co-autor de um livro que achei útil, The OASIS Guide to Asperger Syndrome (Crown, 2001).

O psicólogo Tony Attwood tem escrito uma série de excelentes livros que descrevem Asperger do ponto de vista de um profissional da saúde mental, e ele está on-line no www.tonyattwood.com.au. Foi seu livro, Síndrome de Asperger (Jessica Kingsley, 1998), que introduziu-me à minha condição. Seu trabalho mais recente é A Complete Guide to Asperger's Syndrome (Jessica Kingsley, 2007).

Finalmente, o meu irmão está on-line em www.augusten.com, e estou em www.johnrobison.com.